KB141981

변종의 늑대

'촉'과 '야성'으로
오늘을 점령한
파괴자들

변종의 늑대

김영록 지음

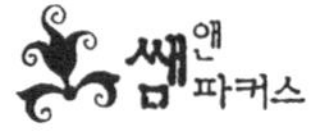

목차

Chapter 2

일자리 천국을 만들어내다

Chapter 3

질주하는 글로벌 야생 공화국

Chapter 4

토종 늑대들이 뛴다

Chapter 5

늑대의 야생성을 키워주는 사회

추천사

기업은 살아 있는 생명체이다. 따라서 기업들이 포진한 비즈니스 세계는 거대한 생태계와 같다. 우리는 동물 생태계를 통해 지혜를 얻어야 한다. 이 점에서 '변종의 늑대'는 아주 적절한 제목이다. 21세기 기업 생태계에서 젊은 스타트업은 대기업과는 경쟁이 아닌 공생의 관계이며 특히 지금 젊은이들에게 필요한 역량은 성실성도 전문성도 아닌 야성과 근성이라는 말에 크게 공감한다. 기민한 학습 능력으로 남보다 빨리 배우는 자가 자기 사업을 성공의 길로 만들어간다. 그래서 스타트업은 최고의 학교인 것이다. 변종의 늑대를 통해 우리 시대 기업가정신의 화려한 부활을 기대해본다.

__ 신태균(한국 뉴욕주립대학교 석좌교수, 前 삼성인력개발원 부원장)

저자의 풍부한 현장 경험과 탁월한 통찰력이 돋보이는 수작이다. 특히 스타트업 생태계의 중심 공간과 철학을 어떻게 연결시킬 것인가에 대한 저자의 생각이 매우 흥미롭다. 스타트업+도시재생+스마트시티+교육의 마스터플랜을 통합적으로 바라보는 저자의 시각이 매우 뛰어나다.

__ 김수우(하버드대학교 치주과 교수)

기존의 견고한 산업경제 질서를 무섭게 파고드는 변종의 늑대, 이들이 이끄는 스타트업에 대한 날카로운 분석이 돋보인다. 스타트업이 앞으로의 미래경제를 어떻게 이끌 것인지, 우리가 왜 스타트업에 주목해야 하는지, 왜 학문이 아닌 스타트업을 공부해야 하는지, 어떤 변종의 늑대들이 파괴적인 스타트업을 만드는지 이 책이 그러한 안목을 기르는 데 도움이 될 것이다.

__ 양형남(에듀윌 사회공헌위원회 회장)

외국계 제약회사를 그만두고 스타트업을 처음 시작할 때 부모님을 설득하는 데에 족히 6개월이 넘게 걸렸다. 그때 이 책이 출간되었다면 2주면 해결됐을 것이다. 스타트업의 근본, 이것이 사회에 미치는 영향, 눈부신 미래 비전 등을 통합적으로 다루고 있는 이 책은 급속도로 변하는 시대에 불안함을 떨치기 위해서라도 꼭 읽어야 한다. 특히 당신 주변에서 이미 예사롭지 않은 기세로 빠르게 움직이는 변종의 늑대들을 이해하기 위해서라도 말이다.

__ **이재연(위워크랩스 매니저)**

공교육도 창의와 창조를 강조하지만, 현실은 아직 갈 길이 멀어 보인다. 가장 효과적인 것은 학생들이 교실 밖으로 나가 자신이 살면서 느낀 문제를 해결하면서 몸소 창의가 무엇인지 깨닫는 것. 스타트업이 공교육의 대안이자 기적의 교육법이 될 수 있다는 저자의 주장이 매우 흥미로운 까닭이다. 특히 생존력, 담력, 야성을 배울 수 있는 기회가 곧 스타트업을 해보는 것이라는 저자의 관점이 새롭다. 교육 관계자라면 일독을 권한다.

__ **류창완(한양대학교 창업지원단 단장)**

지금 전 세계는 파괴적 혁신을 꿈꾸는 자들로 들끓고 있다. 누구라도 애플, 페이스북, 아마존, 에어비앤비 같은 기업을 만들고 싶어 하고, 또 그럴 가능성이 농후하다. 이 책에서 저자가 제시한 '변종의 늑대'의 기질을 가지고 있다면 말이다. 변종의 늑대는 앞으로 미래 비즈니스를 이끌 중추들의 상징이자, 4차 산업혁명이라는 소용돌이에 휩싸인 이 시대를 헤쳐 나갈 가장 핵심적인 방법이 될 것이다. 아직도 이런 변화를 깨닫지 못한 사람들이라면 이 책을 주목해야 한다.

__ **한영수(제주특별자치도 미래전략과 과장)**

국내 스타트업 생태계를 가장 잘 아는 전문가답게, 저자가 직접 발로 누비며 쓴 이야기들은 생동감이 넘친다. 또한 이를 바탕으로 제시한 스타트업 생태계를 한 단계 발전시킬 수 있는 해법(기업, 대학, 가정, 정부가 수행해야 할 미션) 또한 아주 구체적이다. 저자가 그린 대한민국 스타트업의 미래는 희망적이고도 긍정적이다. 그 미래의 주역이 될 학생들에게 당장 보여주고 싶다.

__ 주원종(서울과학기술대학교 공학교육혁신거점센터장 교수)

앞으로 우리가 마주하게 될 세상에서는 누구나 일생에 한 번은 창업을 하거나, 창직을 해야 한다. 하지만 창업을 할 때는 아주 작은 차이가 성공과 실패를 가른다. 그만큼 냉혹하다. 이 작은 차이는 결국 현실의 변화에 기민하게 반응하고 그 안에서 적극적으로 문제를 찾아내어 해결하는 능력에 따라 달라질 것이다. 새로운 시대를 살아갈 청년들에게 이 책이 필요한 까닭이다.

__ 김종현(제주특별자치도 더큰내일센터 센터장)

저자는 언제나 현장을 고민하는 사람이다. 그 누구보다 깊이 고민하고 예리하게 분석하여 문제를 발견하고 답을 찾는다. 현 시점에 가장 빠르고 강력하게 움직이는 스타트업을 '변종의 늑대'로 비유한 것은 저자의 뛰어난 관찰력이 아니면 불가능하다. 현장에서 겪은 풍부한 경험을 바탕으로 그가 제시한 대한민국 스타트업이 나아가야 할 길을 따라가다 보면 지금보다 더 나은 미래를 만나게 될 것이다. 이 시점에 우리가 이 책을 읽어야 하는 이유다.

__ 김선우(STEPI 혁신기업연구단 단장)

혁신과 창조를 외치는 시대, 당장 무엇을 어떻게 해야 할까? 우리에게는 그 무엇보다 기존의 사고방식을 뒤집어보고 새로운 생각과 파괴적으로 연결하는 노력이 필요하다. 일하는 방식뿐만 아니라, 생각하는 방식도 혁신하는 스타트업 문화가 우리에게 필요한 까닭이다. 스타트업의 태동과 문화, 이를 이끄는 사람들의 생각과 행동의 핵심을 담은 이 책을 읽고 나면 새로운 생각과 기존의 경험을 어떻게 연결시켜야 할지 인사이트를 얻을 수 있을 것이다.

— **박지영(아산나눔재단 스타트업센터 팀장)**

시대의 격변기를 먼저 직감하고 거시적 안목에서 스타트업을 이끄는 CEO들과, 공공영역에 있는 정책입안자들에게 우선적으로 이 책을 권한다. 나아가 기업가 정신으로 무장한 예비 창업가들에게도 큰 도움이 되리라 확신한다. 우리 산업은 앞으로 점점 더 창업·벤처가 중심이 되어 부흥할 것이다. 변종의 늑대가, 그들이 가진 야성이 이를 견인할 것이다.

— **박재영(국회입법조사처 입법조사관)**

프롤로그

초토화된 생태계,
모든 것이 파괴되고 있다

바야흐로 경제적 빅뱅의 시대

2019년, 경기도 파주 일대 돼지 5,000여 마리가 살처분되었다. 하루아침에 자식 같은 돼지를 산 채로 땅에 파묻은 주인들은 물론, 영향권 안에 든 주변 300m~3km 내 돈가들도 절망과 공포로 얼어붙었다. 순식간에 연천, 강화, 김포 일대로 퍼지며 양돈농가를 집어삼킨 이 바이러스의 정체는 '아프리카돼지열병'. 감염 시 폐사율 100%에, 백신이나 치료약도 없어 더 치명적이다. 이 불씨가 양돈농가 밀집지역인 충남이나 그 외 경북, 전북, 경남, 전남, 강원 등으로 확산된다면 그야말로 양돈 생태계는 초토화다.

사람은 옮지도 않은 이 바이러스가 정말 무서운 까닭은 어떤 환경에서도 질기게 살아남아 생태계를 전부 파괴하기 때문이다. 1921년 아프리카 케냐에서 처음 발병한 이후 57년 포르투갈을 통해 스페인, 영국 등 유럽 전역으로 번졌고, 아시아권에서는 2018년 중국에서 첫 발병된 이후 몽골, 베트남, 캄보디아, 홍콩 등 6개국으로 확산되었다. 마침내 대한민국도 뚫고 들어온 이 바이러스는 살아남은 기간만 100년 가까이 된다. 아프리카돼지열병은 실온이나 냉동 상태에서 100일 이상은 거뜬히 살아남을 정도로 생존율이 높은 바이러스다. 발병 지역에 있던 돼지가 전멸해도 바이러스는 남을 정도다. 그래서 다시 유입된 돼지가 감염될 확률도 높다.

바이러스 자체는 유해한 것이지만, 사실 이 바이러스의 어마어마한 생존력은 우리에게 의미하는 바가 크다. 무서운 속도로 변하는 비즈니스 생태계에서 100년 넘게 살아남을 수 있다고 생각해보라. 그 자체로 엄청난 경쟁력이다. 그렇다면 이 바이러스가 이렇게까지 질기게 살아남을 수 있었던 이유는 무엇일까. 바로 '변종'이다. 그 어떤 백신도 통하지 않고, 어디로 옮겨가더라도 그 환경에 적응하는 능력. 이것이 생태계를 뒤엎어버리는 변화들을 만들어온 셈이다.

사실 인류 역사에서 생태계 자체를 뒤엎을 정도의 커다란 변화들은 꾸준히 있어 왔다. 지금으로부터 5억 4,000만 년 전, 지구에는 '캄브리안 모먼트Cambrian Moment'라는 시기가 있었다. 일명 '캄브리아기'라고 불리는 이 시기에는 전에 없던 다양한 형태의 생명들이 폭발적으로 증가했다. 그전에는 단세포, 플랑크톤, 박테리아 정도였다면, 이 시기에 갑작스럽게 다세포 동물들이 놀랍도록 번식하기 시작했다. 과학자들은 이 시기를 '생물학적 빅뱅biological Big Bang'이라고 이름 붙였다. 지난 2014년 영국의 경제주간지 〈이코노미스트〉는 소규모 스타트업들이 대거 등장해 세계 경제에 대전환을 일으키고 있는 상황을 이 '캄브리안 모먼트'에 빗대어 설명했다. 구글, 애플, 페이스북은 인류가 경제활동을 한 이래 가장 놀라운 대사건을 만들어냈다. 그 뒤를 이어 기업 가치가 10억 달러에 이르는 또 다른 유니콘 기업들이 성장하면서 경제 생태계를 바꾸고 있다.

가장 눈에 띄는 큰 변화는 '속도'다. 과거 〈포천〉 500대 기업이 시가총액 1조 원에 도달하는 시간은 평균 20년이었다. 그런데 지금 전 세계 361개 유니콘 기업이 시가총액 1조 원에 다다른 시간은 평균 6년~7년이다. 심지어 이 중 23개 기업은 2년 안에 그것을 달성했다. 이것은 과거의 속도가 완전히 뒤집혔다는 의미다. 또 다른 변화는 '경영방식'이다. 지금

선도 기업들이 추구하는 경영방식은 기존의 상식으로는 도저히 이해가 되지 않는다. 세계 최대의 온라인 B2B 거래 플랫폼인 알리바바에는 재고가 없다. 세계 최고의 콘텐츠 기업으로 불리는 페이스북은 콘텐츠를 생산하지 않는다. 마찬가지로 에어비앤비는 부동산을 소유하지 않고 우버는 자체적으로 운영하는 택시가 단 한 대도 없다. 우리나라 최대의 음식배달 애플리케이션인 배달의 민족은 직접 식자재를 구매하거나 식당을 운영하지 않는다. 지금의 기업들은 이런 방식으로 시장을 점령해서 기존의 반석이라고 여겨졌던 시장을 가루로 만들어버린다. 전통 기업들은 그들로부터 단절되어 사라져버린다. 2000년 이후 〈포천〉 500대 기업의 절반이 사라진 것 역시 지금과 같은 변화의 시대에 적응하지 못하고 단절됐기 때문이다. 지금은 바야흐로 '경제적 빅뱅'의 시대다. 스타트업이 또 한 번 기업 생태계를 진화시키고 있으며, 이것은 결코 과장된 이야기가 아니다.

4억의 늑대, 70억을 삼키다

이 세상은 패러다임 전쟁터다. 패러다임을 바꾸는 자가 세상의 패권을 쥐는 것이라 해도 과언이 아니다. 또한 패권을 장악한 사람만이 패러다임을 바꿀 힘이 있다. 과거에는 왕이나 종교가 이 패러다임을 바꿨다. 자본주의로 들어서고 산업혁명이 일어나자 그 바통을 대기업들이 이어받았다. 기업들은 대규모 자본과 인력, 생산수단을 독점했고, 매스미디어의 발전 덕에 광고와 마케팅을 이용해 세상 사람들에게 자신의 존재를 알렸다. 그렇게 사람들에게 자신들의 제품을 판매하며 막대한 부를 축적하고 힘을 쥐었다. 그런데 디지털 기술의 발전과 4차 산업혁명이 본격적으로 도래하면서 대기업 중심의 패러다임에 균열이 생기기 시작했다. 새로운 패러다임의 주도자, 스타트업이 나타난 것이다.

그들은 과거의 패러다임 주도자들과 달랐다. 일단 사업을 시작할 때 필요한 규모를 확 줄였다. 기업을 시작할 당시 직원 수가 창업자를 포함해 1~2명, 많아야 3~4명에 불과하다. 대규모 자본도 없다. 자신이 모은 돈이나 가족에게 빌린 돈이 전부. 더구나 그 시작이 얼마나 미약한지, 창고나 허름한 사무실에서 일을 한다. 대대적인 광고는 꿈도 못 꾸기 때문에 고작해야 입소문에 의존할 수밖에 없다. 그러나 그들 중 몇몇은 전 세계인들의 생활습관을 순식간에 바꿔놓으며 새로운 패러다임의 주도자가 되었다. 휴대전화 하나만 있으면 손쉽게 음식을 주문해서 먹을 수 있도록 외식 습관을 바꿨으며(배달의 민족), 여행을 갈 때 숙박업소를 선택하는 방법을 바꾸고(에어비앤비), 누군가에게 송금하는 방법도 변화시켰다(토스). 이동수단을 선택해서 부르는 방법은 물론이고(우버), 친구와의 소통방법도 전혀 다르게 바꾸어 버렸다(페이스북, 트위터). 이러한 놀라운 변화로 그들은 갑부의 대열에 올랐다. 그리고 이들의 성공적인 정착에 감탄한 또 다른 청년들이 이 세계에 뛰어들어, 지금은 그 숫자만 해도 전 세계에 4억 명에 달한다. 이들 중 0.001%만 성공해도 우리 앞에는 40만 개의 또 다른 거대한 변화가 일어날 수 있다.

인류는 유사 이래 단일한 4억 대군을 거느린 적이 없었다. 문명 세계의 거의 전부를 지배했던 칭기즈칸의 군대도 고작 20만 이하다. 하지만 이제 4억 명 스타트업 군단이 이 세상을 바꾸려고 맹렬하게 질주하고 있다. 더 놀라운 사실은 이들이 견고한 그들만의 카르텔 속에서 자체적인 생태계를 만들어 가고 있다는 점이다. 함께 일할 수 있는 공간을 제공해주는 코워킹 스페이스, 멘토의 역할을 해주는 액셀러레이터, 자본을 대는 벤처 캐피털, 그들의 소식을 알려주는 스타트업 미디어가 바로 그것. 특히 그들이 주최하는 수많은 포럼은 최신 트렌드는 물론 미래 예측에 도움이 될 만한 충분한 지적 자양분을 제공하고 있다. 이들을 눈여겨보는 정부에서도 각종 지원을 아끼지 않고 있다.

시장을 재편하면서 자신들만의 생태계를 확장시켜가는 4억 명의 군단. 그들이 만들어낸 스타트업 제국은 시장이나 기업 생태계뿐만 아니라 인류 전체를 바꿀 만한 거대한 흐름을 만들어낼 것이다. '한 사람의 꿈은 꿈에 불과하지만, 만인(萬人)의 꿈은 현실이 된다.'는 말이 있다. 4억 명이 꾸는 새롭고 창의적인 꿈은 곧 현실로 구현될 가능성이 높다. 따라서 그들의 용감한 아이디어와 뜨거운 기업가정신에 주목하라. 눈을 크게 뜨고 스타트업의 움직임을 살펴라. 그들이 주도하는 패러다임이 곧 우리의 미래를 바꿀 패러다임이 될 것이다.

백신도 통하지 않는 파괴적 변종

스타트업 대표로, 직장인으로, 교수로, 지난 10년 간 누구보다 다양한 이름으로 스타트업 현장을 누볐다. 그리고 가장 가까이에서 창업가들을 지켜봤다. 어느 한 분야에서 10년(1만 시간)을 노력하면 크게 성공한다는 1만 시간의 법칙이라는 것도 있지 않나. 스타트업과 함께 일하고 그들을 관찰하고 지원한 지난 1만 시간은 나에게 스타트업의 본질을 제대로 볼 수 있게 해주었다. 그러면서 이 스타트업 창업가들을 보고 떠오른 것이 있다.

어느 순간 그들이 '늑대'처럼 보이기 시작한 것이다. 늑대는 흔히 집단생활을 하는데, 단결력이 어느 동물 못지않게 대단하다. 또 한 번 사냥을 시작하면 끝장을 보는 집요함도 있다. 누군가가 그들에게 위협을 가하면 더 사납게 대응하는 근성까지 갖추고 있다. 현장에서 본 스타트업들은 이런 늑대의 모습을 꼭 닮았다. 집단을 이뤄 서로 교감하고 정보를 나누고 발전하는 방향을 추구하지만, 성공적인 아이디어를 앞세워 기존의 기업들이 만들어놓은 질서를 여지없이 파괴해버린다. 또한, 한 번 실패한다고 해서 결코 좌절하는 법이 없다. 그것을 딛고 재도전하는 근성은 그들이 가진 최고의 강점이다.

그런데 내가 현장에서 본 그들은 그냥 늑대가 아니었다. 파급력 측면에서 '변종의 늑대'다. 변종은 기존에 쓰던 백신이 통하지 않는 돌연변이다. 미처 대처할 시간도 없이 파괴적으로 확산된다. 앞서 소개했던 아프리카돼지열병 바이러스는 물론, 2015년 우리나라를 강타했던 메르스와 코로나 바이러스를 떠올려봐라. 이들은 기존의 의료 체계를 무력화시킬 정도로 강력했다. 스타트업 역시 어느 순간 폭발적으로 커지면 무시무시한 장악력으로 주변을 집어삼킨다. 그 속도가 너무도 빨라 '아차' 하는 순간, 기존 기업들은 대응할 시간조차 없이 먹힐 것이다.

'존재하지 않는 직업들'

변종의 늑대들은 기업 생태계뿐만이 아니라 우리 삶도 바꾸고 있다. 사실 스타트업을 포함하여 기업이란 결국 우리의 모든 것이다. 우리는 기업에서 일하고, 월급을 받고, 기업에서 만든 물품으로 먹고, 입고, 쓰고, 자고, 즐긴다. 일부 기업은 또 다른 기업에 납품하면서 생존을 영위한다. 따라서 기업 환경이 바뀐다는 것은 곧 우리가 속한 환경 전부가 달라진다는 것을 의미한다. 스타트업이 만드는 놀라운 변화를 살펴본다는 것은 단순한 '창업 트렌드'를 읽거나 나와는 딱히 상관없는 시장 지표의 변화를 조사해보는 일이 아니다. 한마디로 '나를 둘러싼 모든 세계의 변화'를 탐구하고 연구하는 일이다. 그래서 스타트업에 대한 이야기는 곧 이 세상이 어떻게 변하고 있는지를 간파하는 일이기도 하다. 전 세계가 스타트업의 활성화에 사활을 걸고 있는 것도 단순히 '실업률도 높고 일자리도 없으니 자신의 직장은 알아서 만들라'는 1차원적인 이유 때문만은 아니다. 국가의 경제구조를 혁신적으로 재편하기 위한 핵심 키워드가 바로 '스타트업'에 달려 있기 때문이다. 더불어 창업가 개인에게는 거대한 부(富)를 안겨주는 기회이기도 하다.

스타트업의 세계는 미래를 알 수 있는 판도라의 상자다. 그곳에서는 미래에 실현될 기술들이 용광로처럼 들끓고 있으며, '존재하지 않는 직업들'을 창출하기 위해 인재들이 길러지고 있다. 이 상자 속을 구경한 사람과 구경하지 않은 사람의 미래 대응력은 분명 달라질 수밖에 없다. 이 책은 바로 그 상자 속을 면밀하게 들여다보고 앞으로 우리가 어떤 준비들을 해나가야 하는지 알려줄 것이다. 변종의 늑대들이 어떻게 생각하고 움직이는지, 국내는 물론이고 전 세계적으로 지금 어떤 창업 트렌드가 형성되어 있는지, 그 최전선에 있는 스타트업들이 얼마나 역동적으로 미래 시장을 장악하기 위한 준비들을 하고 있는지 생생하게 보여줄 것이다.

예비 창업가는 물론이요, 기업을 운영하는 경영자나 신사업을 고민하는 사람이라면 특히 스타트업의 움직임에 주목할 필요가 있다. 동종업계의 경쟁자이자, 시장을 장악할 무한 잠재력을 가진 그들이 어떻게 변신하며 움직이는지 알아야 공격도 대응도 가능하다. 상당수 스타트업의 최종적 목표는 기존 경쟁자를 완전히 파괴하는 것이다. 그들의 의도가 불순하다기보다 그들이 가진 아이디어와 기술력이 무섭도록 파괴적이기 때문이다. 그들의 움직임을 주시하지 않는다면, 순식간에 시장에서 사라지는 신세로 전락할 것이다. 반대로 그들과 협업하거나 그들을 뛰어넘을 경쟁력을 갖춘다면 더 크게 발전하게 될 것이다. 나름의 긍정적인 비책을 이 책에서 찾길 바란다. 특히 가까운 미래에 기업에서 중추 역할을 맡거나 100세 시대에 제2의 직업을 꿈꾸는 지금의 20~30대가 이 책을 통해 어려움을 돌파할 만한 새로운 발상을 하기를 기대한다.

경영자나 예비 창업가도 중요하지만, 미래를 이끌어갈 자녀를 둔 학부모에게 꼭 권해주고 싶다. 스타트업이 만들어낸 변화가 곧 세상의 변화라고 하지 않았나. 이는 내 자녀가 살아갈 미래 모습을 미리 관찰하는 일이 될 것이다. 자녀에게 무엇을 경험하게 하고 또 무엇을 가르칠 것인가. 앞으로 어떤 준비를 해야 미래에 잘 대응하며 최적의 인재로 성장할 수 있는가. 그 대안이 무엇인지 실마리를 찾을 수 있을 것이다. 또한 국가 정책 담당자들에게도 분명 새로운 혜안을 제시해줄 것이라고 믿는다. 정책도 결국 세상의 변화와 함께 맞물려 바뀌어야 한다. 스타트업이 우리나라의 경제 패러다임을 바꾸고 있다면, 이는 사회의 구조적 변화를 초래할 것이다. 이것이 반드시 정책에도 반영되어야 한다고 믿는다. 더불어 지자체의 발전을 스타트업에서 찾고 있다면, 이 책이 도움이 될 것이다. 무엇보다 이 책은 대한민국 전 국민에게 확 바뀐 스타트업 환경을 보여줌으로써, 새로운 관점에서 이를 바라볼 수 있도록 도와줄 것이다.

변화의 흐름을 직시하지 못하는 사람은 정체되는 것이 아니라 도태된다. 스타트업의 세계를 들여다본다는 것은 그 변화의 흐름을 가장 빠르게 간파하는 일일 것이다. 앞으로 세계가, 대한민국이 어떻게 변하는지 알고 싶은가? 미래를 내다보고 어떻게 대응해야 할지 알고 싶은가? 눈을 더 크게 뜨고 스타트업에 주목하라. 이 책을 통해 다가오지 않은 미래를 내다볼 수 있는 판도라의 상자를 열어라. 지금부터 당신이 무엇을 준비해야 하는지 명쾌하게 알게 될 것이다.

김영록

Chapter 1

'변종'이 나타났다!

시대가 변했다. 시대가 달라지면 세대도 달라진다. 주어진 환경, 당대의 주류 문화, 시대정신, 세대별 특성은 그동안 수많은 이름으로 세대를 명명해왔다. X세대, Z세대, 그리고 밀레니얼 세대….

그렇다면 지금 이 세상을 주도하는 세대를 무엇이라 명명할 수 있을까. 우리는 그들을 '변종의 늑대'라 부르려 한다. 자본주의의 변화와 새로운 패러다임의 필요성, 그리고 디지털 환경의 등장과 혁신이 만들어내는 또 다른 가치는 기존의 스타트업을 전혀 다른 위상으로 변화시켰다. 그 변화 속에 나타난 변종의 늑대들은 무리를 이루며 거침없이 질주하고 있다.

자본과 지식이 향하는 곳

아이디어 자본주의를 알면, 시대의 흐름이 보인다

자본주의는 단순히 경제체제를 설명하는 말이 아니다. 산업혁명 이래 현 시대에 이르기까지 세계를 이끌며 발전시켜온 하나의 커다란 흐름이자 정신이다. 그런 자본주의 역시 시대가 변하면서 계속해서 변하고 있다. 초창기에는 자본가가 매우 중요한 역할을 담당했던 '산업 자본주의'가 성행했다면, 그 후에는 국가의 개입이 중요해진 '수정 자본주의'로 변모했다. 또 20세기 초에는 금융이 중심이 되는 '금융 자본주의'가 확립됐다. 그렇다면 지금은 어떨까? 최근 우리 사회에는 또 하나의 자본주의가 탄생했다. 바로 '아이디어 자본주의'다. 이는 아이디어가 곧 자본의 중심이라는 의미다. 그렇다면 이 아이디어란 과연 어디에서 나올까? 누가 돈이 될 만한 아이디어를 낼까? 어떤 아이디어에 자본이 흘러들어 갈까? 이것만 알면, 앞으로 누가 자본주의를 이끌지도 알 수 있다. 분명한 것은 공무원도, 대기업도 아니라는 것이다. 과거처럼 성직자들은 더더구나 아니다. 그들은 바로 스타트업이다. 그래서 지금의 아이디어 자본주의는 곧 '스타트업 자본주의'라고 해도 결코 과언이 아니다.

촉이 좋은 자본은 돈이 될 만한 곳으로 흐른다

'돈'과 '자본'에는 큰 차이가 있다. 돈은 움직이면서 새로운 가치를 만들어내지 않는다. 하지만 자본은 특정한 곳에 투자되면 스스로 움직이며 계속해서 더 많은 돈을 만들어낸다. 기업이 끊임없이 신규 사업을 기획하고 새로운 투자를 단행하는 것은 자본의 태생 자체가 일을 해야 하기 때문이다. 이 자본이란 것은 촉이 매우 좋기 때문에 언제든 '돈이 될 만한 곳'으로 움직인다. 따라서 우리가 어떤 비즈니스에 투자하고 어떤 가치를 중시하는 시대에 살고 있는지 알고 싶다면, 자본이 어디로 흘러가는지 보면 된다.

얼마 전 미국의 한 시장조사기관이 밝힌 바에 따르면, 전 세계 크라우드펀딩 금액이 매년 2~3배 이상 급증하고 있다고 한다. 2017년 투자 금액이 18조 원이었는데, 전해에 비하면 무려 381%나 증가한 규모다. 〈유엔 미래보고서〉는 2050년 펀딩 시장이 지금의 주식시장을 대체할 것이라 내다보고 있다. 세계 흐름에 발맞춰 국내 스타트업에 대한 투자 펀딩 금액도 급속도로 늘고 있다. 크라우드펀딩 플랫폼 '와디즈'을 통한 펀딩 금액은 2016년 106억 원, 2017년 282억 원, 2018년 601억 원으로, 무려 누적된 금액만 1,000억 원이다. 그리고 이 자본은 스타트업, 신제품 개발을 위해 많은 자금이 필요한 중소기업으로 흘러 들어갔다. 하지만 이 금액은 와디즈에 한한 일이다.

국내의 경우 또 다른 크라우드펀딩 플랫폼인 '텀블벅'의 후원금도 급격하게 늘어나고 있다. 2011년 1억 원으로 시작해 지난 2018년 550억 원까지 늘어났다. 크라우드펀딩 시장뿐만 아니라 공유경제 시장도 급격하게 크고 있다. 이 시장에 투자되는 돈은 2008년 9,700억 원에서 2014년 11조 3,000억 원으로 늘어났다. 업계에서는 2025년 그 30배인 330조 원으로 늘어날 것이라 전망하고 있다.

이 간단한 통계 몇 가지만 봐도 지금 글로벌 시장의 자본이 어디로 향하는지 알 수 있다. 그것은 바로 뛰어난 아이디어와 열정으로 무장한 스타트업이다. 스타트업에 대한 투자를 보면, 정부 지원금도 계속 늘어나는 추세다. 우리나라의 경우, 창업 관련 예산이 지난 2017년 6,158억 원에서 2018년 7,796억 원, 2019년에는 1조 1,180억 원으로 늘었다. 2년도 채 되지 않아 2배로 늘어난 것이다. 막대한 자본이 스타트업 세계로 향하고 있다는 것은 지금의 자본주의가 무엇을 향해 달려가고 있는지를 잘 보여준다.

하버드대보다 경쟁률이 센 대학

아이디어로 무장한 스타트업이 세계 경제의 돌파구라는 점은 이미 수년 전부터 세계 석학들도 깨닫고 있는 바이다. 지난 2012년에 열린 세계경제포럼(WEF · 다보스포럼)에서는 '위기의 자본주의'에 대한 열띤 논의가 있었다. 당시 다보스포럼의 개척자이자 회장인 클라우스 슈바프는 지금의 자본주의가 겪는 위기를 돌파할 수 있는 것이 바로 '청년 창업'이라고 언급했다. 그는 "앞으로 국가와 기업의 경쟁력은 자본보다 재능에 따라 결정된다. 따라서 젊은이들이 숨겨진 재능을 발휘해 창업할 수 있도록 지원해야 한다."라고 말했다. 사실 이제까지 창업이 국가와 기업의 경쟁력이 된 적은 단연코 없었다. 그것은 오히려 젊은이들보다 국가 지도자의 몫이었고 대기업의 역할이었다. 청년들은 대기업이 요구하는 '훌륭한 인재'로 성장해서 그 기업에 취직해 일하기만 하면 됐다. 그러나 지금은 관점이 완전히 바뀌었다. 이제 국가나 대기업이 중심이 아니라 청년이 중심이 되는 기업, 스타트업이 세계경제의 주축이 될 것이다.

세계 석학들뿐만 아니라 '지식의 상아탑'이라고 불리는 대학 교육 역시 판이하게 바뀌고 있다. 대학은 본래 한 시대의 지적 패러다임을 좌우할 정도로 중요한 교육기관이다. 특정 시대가 어떤 가치를 중요하게 생각하고 청년들이 무엇을 배워야 한다고 생각하는지 알고 싶다면, 대학에서 가르치는 지식을 살펴보면 된다. 그런데 이 대학들마저 이제 스타트업을 양성하는 교육기관으로 탈바꿈하고 있다. 세계적인 명문 대학으로 알려진 미국 스탠퍼드대학은 '창업형 대학 모델'이라고 불릴 정도로 변화하고 있다. 그 결과 '실리콘밸리는 스탠퍼드대학을 중심으로 돌아가고 있다.'라고 해도 과언이 아니다. 창업가를 적극적으로 키우는 이스라엘의 경우 예루살

렘 헤브루대학, 테크니온 공과대학을 창업의 전초기지로 삼고 있으며, 대학에서 학생들이 연구한 수많은 결과물들이 사업화될 수 있게 지원하고 있다. 그래서인지 미국 나스닥에 상장된 이스라엘 기업의 반이 이곳 대학 출신일 정도다. 중국 제1의 대학인 베이징대학은 2016년 청년 창업가들을 위한 거의 모든 시설과 공간을 갖춘 5,000 평방미터 규모의 센터를 개설했다. 2014년 개교한 미네르바 스쿨의 등장은 매우 충격적이다. '대학이 학생들을 망치고 있다.'고 진단한 일부 경제인과 지식인이 모여 만든 이 대학은 캠퍼스가 없는 대신 전 세계 혁신 기업을 교육의 장으로 삼는다. 그래서 학생들은 입학하자마자 전 세계를 돌며 기업에서 실무를 배운다. 이런 교육방식 덕에 '미국에서 가장 혁신적인 대학'이라고 불리며 하버드대학보다 더 들어가기가 어려운 대학이 되었다.

지난 2019년 4월, 카이스트에서는 전 세계의 많은 석학들을 불러 모아 포럼을 개최했다. 이날 행사에서 리노 구젤라 스위스 취리히 연방공대 전 총장은 "논문이 1억 편 가까이 나왔고 연간 7%씩 수가 증가하고 있는데 대부분 현장에서 거의 인용되지 않는다. 이제는 단순히 지식이 아니라 창조성과 호기심, 혁신을 일으키는 시간과 공간을 대학이 제공해야 한다."라고 말했다. 그가 말하는 창조성과 호기심, 혁신은 모두 스타트업을 정조준하고 있는 키워드들이다.

우리가 살아가는 세상에서 가장 중요한 2가지를 꼽으라면 단연 자본과 지식이다. 자본은 삶을 영위하게 하고, 사회를 떠받치는 물적 토대다. 지식은 우리의 삶을 고양시키고 번영을 일으키는 정신적 토대다. 물적 토대와 정신적 토대는 한 시대를 살아가는 사람들의 사고와 문화를 좌우한다. 자본이 스타트업으로 향하고 있으며 지식이 스타트업을 지목하고 있다. 이는 스타트업이 우리의 미래를 근본적으로 변화시킬 수 있다는 매우 중대한 징후임에 틀림없다.

생태계의 공학자들

대기업이 부딪힌 한계, 스타트업이 뚫고 나가다

새로운 자본주의가 스타트업을 간절히 원한다는 말은, 곧 스타트업의 역할이 매우 독특하고 긍정적이라는 의미이다. 그렇다면 과연 그들은 우리가 살아가는 세계에서 어떤 역할을 하고 있는가. '왜 지금의 자본주의가 스타트업을 간절하게 원하고 있는가?' 가장 주요한 역할은 새로운 동력을 제공한다는 점이다. 활력이 떨어진 기존의 경제 생태계에 파괴적 혁신을 일으키는 그들은 시장을 폭발적으로 키움은 물론, 경쟁업체까지 자극한다. 결과적으로 스타트업은 기존의 경제 질서를 이끌어온 생태계를 좀 더 건전하게 바꾸어 나가는 중이다. 그런데 놀랍게도 이런 역할이 생태계에서 늑대가 하는 역할과 매우 유사하다. 늑대는 비대칭적이고 불균형하게 발전하는 생태계를 다시 복원함으로써 자연이 순리대로 돌아가게끔 만드는 최상위의 선한 포식자다. 이를 뒷받침할 만한 사례 한 가지를 이야기해보겠다.

늑대가 사라지자 폐허가 된 국립공원

1930년대, 미국에 있는 옐로우스톤 국립공원에 늑대가 사라졌다. 주변의 가축을 계속해서 잡아먹는다는 이유로 포획을 멈추지 않았기 때문이다. 그렇게 70년이 흐르자 공원 생태계에 이상 징후가 포착되기 시작했다. 특히 주목할 만한 것은 사슴이었다. 주변의 식물을 모조리 먹어치우면서 목초가 부족해졌고 토양은 메말랐다. 먹을 것이 없으니 다른 동물들은 하나둘 숲을 떠났다. 강에는 침식이 일어나 생태계 전반이 황폐해지고, 아름답던 국립공원은 폐허가 되었다.

생태계 복원을 연구하던 학자들은 마침내 해답을 찾았다. 늑대를 숲으로 다시 불러들이는 것. 숲으로 돌아온 늑대가 사슴을 잡아먹으면서, 사슴 개체 수가 줄어들자 목초가 다시 풍성해졌다. 사시나무, 느티나무, 미루나무가 자라자 연이어 새들이 다시 모였다. 딸기가 늘어나니 곰도 다시 숲으로 되돌아 왔다. 또 늑대가 코요태를 사냥하자 토끼와 생쥐도 늘었다. 이뿐만이 아니었다. 강의 흐름도 바뀌었다. 그간 사슴들이 지나치게 목초를 먹는 바람에 침식이 이뤄져 웅덩이가 사라졌었다. 하지만 늑대가 숲으로 돌아온 이후 사슴의 수가 줄어들면서 덩달아 침식이 멈췄고, 급류와 웅덩이가 생기면서 물길도 조화를 이루게 되었다.

늑대는 '생태계의 공학자'이다. 최상위 포식자이긴 하지만 자연 생태계 전체를 놓고 봤을 때 다른 개체들과 조화를 이루며 생태계를 매우 건강하게 만들기 때문이다. 맹렬하고 사나운 겉모습과 다르게 사실 자연 생태계 안에서 다른 동물들, 나무와 조화를 이룸은 물론 심지어 강의 흐름까지 조절하는 훌륭한 공학자였던 셈이다. 늑대가 옐로우스톤 국립공원에서 했던 일을 한마디로 요약하면 생태계에 '활력'을 불어넣은 것이었다. 사슴의 포식을 제거함으로써 다른 동물을 복원시키고, 물길을 되살렸고, 서로가 조화를 이루는 환경을 만들었다.

생태계 공학자가 이끄는 새로운 환경

우리가 살아가는 경제 생태계 역시 앞선 자연 생태계와 마찬가지다. 이제까지 우리 경제 생태계는 몸집 크고 힘이 센 대기업들이 주축이 되어 이끌어 왔다. 우리나라가 빨리 성장한 것도 대기업과 이를 지원하는 정부가 협업했기 때문이다. 그런데 어느 순간부터 이러한 생태계가 활력을 잃었다. 일부에서는 부작용이 일기도 했다. 사슴이 그러했듯이 대기업 중심의 경제 생태계는 균형을 잃고 망가지기 시작했다. 독과점과 수직계열화, 중소기업 기술 탈취 등에 대해 한 번쯤 들어보지 않았나. 이런 사례들이 바로 경제 생태계가 무너졌다는 뜻이다. 고용률 역시 크게 떨어졌다. 지난 2017년 경제협력개발기구OECD가 발행한 '한눈에 보는 기업가정신 2017' 자료에 따르면, 한국 대기업은 전체 부가가치의 56%를 창출하지만, 고용 비중은 12.8%에 불과했다. 북유럽 국가가 70%에 달한다는 통계 자료와 비교해서 보면 매우 낮은 수치다. 이러한 상태에서는 국가 경제 전체가 선순환하기 어렵다. 전문가들 사이에서는 이제 "중소·중견기업이 중추적 역할을 담당하는 새로운 경제 성장 패러다임을 모색해야 한다."라는 의견이 나오고 있다.

다행인 것은 늑대의 역할을 스타트업이 할 수 있다는 점이다. 실제로 그들의 혁신적인 기업 활동은 대기업 중심의 경제 생태계에 신선한 충격을 주고 있다. 그렇다면 그들이 대기업 중심의 생태계를 어떻게 새로운 방식으로 바꾸고 있는가. 우선 대기업의 '고용 없는 성장'을 변화시키고 있다. 이 책의 다른 부분에서도 자세하게 살펴보겠지만, 스타트업이 대기업보다 더 많은 고용을 창출하고 있다는 것은 증명된 사실이다. 더 많은 청년에게 더 많은 일자리를 제공함으로써 고용시장의 외연을 넓혀나가고 있다.

두 번째는 일하는 방식과 문화를 바꾼다는 점이다. 스타트업의 기업구조는 속도에 최적화되어 있다. 모든 것이 빠르게 진행된다. 애플의 스티브 잡스나 페이스북의 저커버그가 똑같은 옷을 수십 벌 사놓고 돌려 입는 것은 그들의 취향이 기괴해서가 아니다. 옷을 고르는 데 불필요한 에너지를 쓰지 않겠다는 뜻이다. 직책이나 직급 중심의 권위적인 문화 대신, 영어 이름이나 역할에 따라 호칭을 정리해 부르거나 의사결정 시스템을 단순화시키는 수평적 문화 역시 불필요한 시간을 줄이고 일의 본질에 집중하게 도와준다. 스타트업에는 타인의 도전을 억압하는 갑질이 있을 수 없고, 전통적 의미의 하청도 없기 때문에 혁신에 집중할 수 있다. 모든 것이

소비자에 의해서 판단되기 때문에 불합리하고 의미 없는 경쟁을 할 필요조차 없다. 또한 그들은 국가의 규제에도 강력하게 대응함으로써 더 나은 사회 시스템을 만드는 데 일조하고 있다. 느려지고 침체되고 한쪽이 일방적으로 포식하는 건강하지 못한 환경을 제어한다.

스타트업에 대한 이야기, 그들이 바꿔나가는 문화와 시스템은 곧 '그들만의 리그'에 대한 이야기가 아니라 한국 경제에 대한 이야기이기도 하다. 따라서 이제 스타트업을 보는 우리의 관점도 달라져야 한다. 늑대를 동물로만 보면 그저 한 마리 야수에 불과하지만, 자연의 커다란 틀 안에서 보면 '생태계의 공학자'가 된다. 스타트업도 마찬가지다. 창업자나 기업 하나하나의 측면에서 보면 다른 기업과 다를 바가 없지만, 경제 생태계의 관점에서 보면 시스템을 바꾸는 혁신적인 선도자이다. 바로 이것이 우리가 스타트업을 중요하게 보고 크게 성장시켜야 하는 이유이기도 하다.

그들은 어떻게 '변종'이 되었는가?

새롭게 변화된 스타트업 창업자의 성향들

세대마다 독특한 문화적·정서적 특성이 존재한다. 그리고 이러한 특성은 진로를 선택하는 기준, 사회활동의 방식이나 삶에 대한 태도를 결정하는 데 영향을 미친다. 최근 우리 사회에서는 '90년대생'에 대한 분석과 그들을 이해하고자 하는 담론들이 많이 형성되어 왔다. 그 세대가 기업이나 사회에 막 진입해 경제활동을 시작했고, 주 소비자층으로 떠올랐으며, 가까운 미래에 기업이나 여러 사회경제활동의 중추가 될 것이기 때문이다. 하지만 기성세대의 눈으로 바라본 그들은 여전히 '별종'에 가깝다. 심지어 그들이 윗세대를 '꼰대'라고 부르니 윗세대 입장에서는 그들에 대한 부정적 감정도 섞여 있는 것이 사실이다. 하지만 이 책에서 지칭하는 '변종의 늑대', 과거 벤처 붐 이후 세대교체가 된 요즘 스타트업의 주요 세대가 90년대생이니 그들이 어떻게 생각하고 움직이는지 알고 싶다면, 그 특성 역시 면밀히 살펴볼 필요가 있다.

이미 90년대생들의 특징을 상세히 분류하고 분석한 자료들이 있겠으나, 이 책에서는 크게 2가지 분류로 나눠 살펴보려고 한다. 하나는 공무원 시험에 매달리고 있는 44만 '공시족'. 또 다른 하나는 이 책에서 다룰 스타트업의 핵심이기도 한, 성공과 부를 좇아 맹렬히 질주하는 '판교 스타트업족(스타트업이 여러 지역에 걸쳐 분포되어 있기는 하나, 판교가 상징적인 지역이므로 여기서는 '판교족'이라 지칭하겠다)'.

이 둘이 90년대생을 설명하는 특징의 전부라고 보긴 어렵지만, 대표적인 특징 중 하나이기는 하다. 특히 창업과 스타트업이라는 큰 주제 아래 판교족들의 특징을 살펴보는 것은 꽤 유의미한 일이 될 것이다. 기존 창업 세대와는 확실히 다른 '변종'의 기질을 가지고 있기 때문이다.

하나의 세대, 두 개의 종족

'공시족'은 지금의 20대 청년문화를 대변하는 가장 상징적인 단어다. 대략 44만 명 정도로 추산되며, 전체 취준생 3명 중 1명에 해당한다. 기성세대는 이러한 현상이 우리 사회의 활력을 떨어뜨리고 도전정신을 약화시킨다고 분석하기도 한다. 물론 국가적인 차원에서 보면 그럴 수도 있지만, 사실 많은 청년이 공무원 시험에 몰두하는 것은 안정성을 최우선으로 추구하고자 하는 그들 나름대로의 삶의 방식일 뿐이다. 특히 개천에서 용이 나던 시대가 가고 요즘처럼 취업난이 극심한 때에, 그들이 바라본 공무원은 대단히 안정적일 것이다. 어떻게 보면 이런 현상은 희망 하나 없이, 제대로 된 안전망 하나 갖춰지지 않은 불안정한 사회를 만들어온 기성세대의 책임이기도 하다. 따라서 공시족들이 활력을 떨어뜨린다며 그들을 일방적으로 비난하는 것은 무리가 있다.

특히 공시족의 수가 커다란 비중을 차지한다고 해서, 90년대생에 해당하는 수많은 청년 모두를 나약하고, 안정성만 추구하며, 도전정신이 부족하다고 판단하다는 것은 대단히 위험하다. 앞서 언급한 또 하나의 종족, '판교족'이 존재하기 때문이다. 판교족은 동시대를 살며 동일한 정서적 기반을 가지고 있지만, 추구하는 삶의 방향성이나 목적, 내제된 성향이 공시족과 완전히 다르다. 마치 한 부모 밑에서 태어난 쌍둥이 같으며, 뿌리는 같지만 꽃의 형태가 다른 형국이다.

판교족의 가장 큰 특징은 창업을 통해 더 큰 발전을 도모한다는 것이다. 특히 공시족과 완전히 차별화되는 특성은 바로 '자기 주도성'이다. 그들은 누구보다 '내 인생을 주체적으로 살고 싶다'는 열정이 가득하다. 그래서 직접 목표를 설정하고 인생의 레일을 스스로 만들어 밟아나간다. 국가와 기업이 만들어놓은 논리나, 그들이 중요하게 생각했던 과거의 가치는 그들의 가슴을 흔들지 못한다. 그런 논리보다 판교족은 '자신이 직접 세우고 가치 있다고 여기는 논리'가 더 중요하다. 이에 따라 업을 결정하고, 업무를 선택하고, 일의 양을 조절하고, 출퇴근을 한다. 남이 아닌, 나에 의해 움직이는 삶. 이러한 목표의식과 자기 주도성이 바로 그들을 스타트업 세계로 이끈다.

이들의 또 다른 특징은 이전의 70~80년대생보다 자기 자신이 무엇을 좋아하는지를 좀 더 명확하게 알고 있다는 것이다. 상대적으로 과거의 세대보다 해외여행을 갈 기회가 많다 보니 더 넓은 시야로 세상을 바라볼 수 있게 됐고, 인터넷을 이용해 수많은 지식과 정보를 자유롭게 접할 수 있게 되다 보니 손발은 자유롭되, 생각은 더 트이게 되었다. 이런 환경 덕분에 한 가지를 맹렬히 좋아하는 '덕질 성향'을 가진 사람도 크게 늘었다. 정보가 제한적이던 과거에는 아주 극소수만이 덕후로 존재했다면, 지금은 온오프 커뮤니티, SNS, 유튜브 채널 등 다양화로 인해 각기 다양한 영역에서 취향만 달리하는, 이를테면 모두가 덕후가 되었다. 일시적인 트렌드는 존재해도, 무엇이 주류이고 무엇이 비주류인지 호언할 수 없게 된 세상이 된 것이다. 이러한 기질은 그들이 창업가가 되었을 때 많은 역할을 수행할 수 있게 해준다.

덕질이 창업의 씨앗이 되는 것은, 과거 창업 방식과는 확연히 다른 지점이기도 하다. 과거에 창업을 할 때는 '어떤 것이 돈이 되느냐'가 가장 중요했다. 또한 창업 아이템도 아버지나 지인들이 해왔던 일 속에서 찾곤 했다. 하지만 요즘 스타트업은 자신이 미치도록 관심 있는 분야를 파고든다. 여기에서 문제의식을 갖게 되고, 이것을 해결하고자 창업하는 경우가 많다. 덕질이 창업의 아이템이 되고, 관성적인 시장 상황을 고려하지 않고 자신만의 아이디어와 감성으로 시장을 바꾸고 새로운 활력을 불어넣는다. 이는 지금까지 없었던 변종의 기질이다.

지금의 세대는 '공정성'에 대한 이슈도 매우 민감하게 생각한다. 최근 수년간 사회적 변화에 청년 세대가 적극적으로 나선 것도 바로 이러한 공정성이 훼손되었다고 생각하기 때문이다. '호갱이 되고 싶지 않다.'는 것도 결국에는 같은 맥락이다. 호갱이라는 것 자체가 비즈니스 영역에서 공정성이 훼손된 것이기 때문이다. 그들의 이러한 생각은 '내가 다니는 회사, 내가 만드는 서비스 역시 호갱을 유도해서는 안 된다.'라는 정의감으로 승화되고 있다.

스타트업 분야에 '사회적 기업'과 직간접적으로 연관된 기업이 많은 것도 이러한 이유 때문이다. 고용노동부가 발표한 '제2차 사회적 기업 인증 결과'에 따르면 2019년에 65개 회사가 새롭게 인증을 받아 총 2,201개의 사회적 기업이 존재한다. 이는 동년 대비 1.5배 늘어난 수치다. 그들은 노숙인, 저소득자, 장애인을 비롯해 공정무역과 공정여행을 사업 대상으로 삼는다. '호갱이 없는 사회', '공정한 비즈니스'를 사업모델로 삼는 것 역시 '변종' 기질을 가진 그들에게서 비롯된 것이라 볼 수 있다.

'덕업일치'라면 고생길도 즐겁다

90년대생 판교족들의 놀라운 친화력은 비즈니스를 도모하고 추진하는 데 큰 힘으로 작용한다. 제주 스타트업 베이를 운영할 당시 '디지털노마드 스테이(100 hour work marthon: 100시간만 투자하면 뭐든지 할 수 있다)'를 추구했는데, 이때 만난 친구들 중 일부가 이런 기질이 강했다.

또한 그들은 '다양성과 재미의 추구'하는 일에 큰 가치를 뒀다. 특히 즉각적인 재미를 찾는 일을 좋아했다. 그들 중 다수는 장기간 뭔가를 인내하거나 내다보지도 못할 미래 시점의 막연한 보상보다 이쪽에 훨씬 무게를 두고 있었다. 이는 기성세대가 볼 때 매우 소비적이고 가치 없는 일처럼 여겨질 수도 있다. 하지만 다양성과 재미를 추구하는 일이 창업으로 연결되면, 빠르게 사업을 추진하는 모습으로 발전하게 된다.

무슨 말인가 하면, '재미있는 아이디어'라고 판단하거나 '함께하면 재미있을 것 같다'는 분위기가 형성되면 그들은 주저하지 않고 일에 뛰어든다. 당장 그 일이 재미있기 때문이다. 실패에 대한 두려움보다 당장의 즐거움을 추구하는 것이 더 가치 있다고 생각하기에 가능한 일이다. 미래에 더 큰 보상을 얻기 위해 힘들어도 묵묵히 참고 견디며 나가야 한다는 과거 스타일과는 완전히 다르다. 이러한 스타일 역시 '변종'의 기질에서 비롯된 특징이라 볼 수 있다.

행복에 대한 가치관도 창업과 연결되는 지점이다. 기성세대의 경우 '행복'이라는 개념은 그다지 중요하지 않았다. 먹고살기 위해 급급했고, 삶이 주는 의무감을 해결하는 일이 먼저였다. 또 그렇게 살려면 적당히 남들 눈치도 봤고 부당한 것도 견뎌야 했다. 그러다 보니 행복이라는 것은 나중에야 겨우 슬며시 고개를 드러내는 작은 선물에 불과했다. 하지만 90년대생 판교족들은 인생의 중요한 가치를 이야기할 때 행복을 앞에 둔다. 실제 이 세대들은 졸업할 때 "열심히 해서 성공해라!"라는 말보다는 "어디 있든지 행복해!"라는 말을 많이 한다고 한다. 이는 지금과 같은 불확실한 세상에서 보이지 않는 성공을 믿기보다는 지금 당장 자신들이 추구할 수 있는 행복을 지향하고 있다는 의미다. '소확행'이라는 트렌드도 바로 여기에서 비롯된 것이다.

이러한 행복 추구가 창업과 어떻게 연결될 수 있을까. 창업이 곧 자신을 행복으로 이끄는 길이라고 판단되면 그들은 재미를 추구할 때처럼 기꺼이 뛰어든다. 자신을 행복하게 해주는 제품과 아이디어를 상상하고 구현해내고, 그것으로 타인에게 긍정적인 영향을 끼치고, 거기에서 보람을 찾는다. 회사에서 월급을 받기 위해 불행한 삶을 견디느니, 차라리 자기가 좋아하는 일을 사업화해서 행복을 좇겠다는 것이 변종의 늑대이자 판교족이 가진 생각이다.

마지막으로 판교족은 내적으로 강한 존재들이다. 사업은 그 자체가 외로움과 고독의 연속이다. 사업을 한다는 것은 이제까지 돈을 쓰면서 살았던 삶에서 물건을 팔면서 사는 삶으로 바뀐다는 것을 의미한다. 부모에게 용돈을 받고 회사에서 월급을 받는 것이 아니라 내 주머니에서 월급이 나가야 한다는 점은 하늘과 땅 차이이다. 열심히 노력해서 좋은 제품과 서비스를 고안하더라도 때에 따라 고객에게 차갑게 외면당할 수 있다는 것도 경험하게 될 것이다. 이런 경험은 결코 쉽게 얻어지는 것도 아니지만, 이것을 통해 내적으로 더 강해질 수밖에 없다. 하루하루 살얼음판을 걸으면서도 도전을 멈추지 않는 판교족이 내적 자아의 역동성을 스스로 만들어가며 강한 늑대의 삶을 사는 것은 전혀 이상할 게 없다.

마지막으로 여기에서 한 가지 짚고 넘어가고 싶은 것은, 공시족들이 다 스타트업에 뛰어들어야 한다는 것은 아니다. 이는 절대 오해하지 마시라. 누구든 각자 자신이 원하는 대로 삶의 방식을 결정할 수 있고, 또 그래야 한다. 안정성을 위해서든, 공무원으로서의 삶에 자부심이 있든 그것이 좋다고 결정한 사람들은 그렇게 하면 된다. 다만 스타트업을 시작했을 때의 이점도 알고 있다면 내가 선택할 수 있는 폭이 그만큼 넓어지는 것이 아닌가. 특히 스타트업에 유리하게 변하고 있는 환경을 고려한다면 충분히 고려해볼 만한 매력적인 선택지다.

또한 지금의 세대는 기존 세대가 가지지 못한 여러 가지 특별한 기질과 조건들을 갖추고 태어났다. 디지털에 최적화된 개성, 공정성에 민감하게 반응하는 것, 행복에 대한 자기주도성, 빠른 속도와 다양한 재미를 추구하는 능력…. 이런 기질은 지금 세대가 더 유리한 조건에서 비즈니스를 할 수 있도록 도와준다. '변종의 늑대'는 바로 이런 기질을 가지고 탄생하여 우리 눈앞에 서 있다.

창업 트렌드, 그때는 '틀렸고' 지금은 '다르다'

과거와 현재를 가르는 결정적 장면들

모든 생명체는 환경에 적응하고자 변하기 마련이다. 물리적 환경이 바뀌면 외형과 기능, 생활습성 등을 바꾸며 현실에 적응하다가 진화의 과정을 거친다. 창업 역시 사회적 환경과 시스템의 변화에 민감하게 반응하는 경제활동이다 보니 주변 환경이 변하면 창업 트렌드도 바뀐다. 일례로 우리가 자주 가는 카페를 떠올려보라. 한창 카페 창업이 붐처럼 일어났을 때 프렌차이즈 매장부터 핸드드립 전문 카페까지 다양한 형태로 나오다가, 요즘은 극단적인 예로 한 사람만 들어가도 꽉 차는 작은 공간에 바리스타에게 레시피를 배운

로봇이 커피를 내려주기도 한다. 과거와 현재의 창업 형태는 이처럼 훨씬 더 다양하고 빠르게 변모하고 있다. 기성세대의 머릿속 창업에 대한 이미지와 요즘 젊은 세대가 그리는 창업에 대한 이미지를 비교했을 때 과연 무엇이 어떻게 달라졌을까? 달라진 창업의 특징을 살펴보는 것은 전반적인 경제경영 트렌드의 변화를 탐지해내는 또 하나의 중요한 지표가 될 것이다. 그럼 지금부터 차근차근 살펴보자.

벤처보다 더 큰 위험에 도전하는 스타트업

달라진 창업의 형태를 알아보기 전에 우선 용어부터 제대로 이해하고 넘어가자. 현재 창업과 관련해서 가장 많이 쓰는 단어가 '벤처기업', 혹은 '스타트업'일 것이다. 비슷한 맥락에서 거의 동시에 사용되고 있는데, 두 가지 단어는 엄연히 다르다.

벤처기업이라는 말은 1990년 후반부터 한국에서 쓰였던 말로, 그 역사가 무려 20여 년에 달한다. 스타트업 역시 1990년대 후반 닷컴버블로 창업 붐이 일어났을 때 미국 실리콘밸리에서 처음 생겨난 용어이나, 우리나라에서는 2014년부터 본격적으로 쓰였다. 역사로 치면 겨우 5~6년 밖에 되지 않는 셈이다. 하지만 지금 창업 최전선에서는 벤처기업보다 스타트업을 더 많이 쓰고 있다. 이 두 가지는 그럼 어떻게 다를까.

벤처기업은 1997년에 재정된 '벤처기업 육성에 관한 특별조치법'에 근거한 법률 용어로서의 성격이 더 강하다. 이 법에 따르면 벤처기업은 (1)벤처투자기관으로부터 투자 유치한 금액이 자본금의 10% 이상일 경우, 투자금액이 5,000만 원 이상인 경우의 기업, (2)기업부설연구소 보유, 창업 3년 이상 기업 중 연구개발비가 5,000만 원 이상인 기업, (3)기술보증기금 또는 중소벤처기업진흥공단으로부터 기술성 우수 평가를 획득한 기업으로 정의된다. 즉 '벤처기업'이 되려면 이런 조건에 부합해야 하며, 정부의 인증을 받아야 한다. 원래 '벤처venture'라는 말은 사업상의 모험이나 위험을 무릅쓰고 전진한다는 의미가 강하다. 그러나 이런 맥락에서 보면 도전적이고 혁신적인 기업을 뜻하기보다는 이미 제도권에 흡수된 기업을 뜻하는 경우가 많다.

반면 스타트업은 벤처기업과는 다르게 기존의 투자나 정부의 인증과는 완전히 무관하다. 스타트업은 설립된 지 얼마 되지 않았으나 혁신적인 기술과 아이디어를 가지고 있는 신생기업, 대규모 투자를 받지 않은 기업을 의미한다. 앞선 설명에 부합하는 벤처기업의 경우 투자를 받아 다소 안정적인 성장 기반을 가지고 있는 반면, 스타트업은 그 상황에는 아직 이르지 못해 좀 더 높은 위험을 감수해야 하는 기업이라고 볼 수 있다. 벤처기업과 비교했을 때 스타트업은 규모가 더 작고, 더 신생이며, 더 적은 초기자본을 가진 기업이다. 벤처기업이 자생력을 가지고 있는 묘목이라면, 스타트업은 언제 사라질지 모르는 새싹과 같다.

하지만 이러한 관점은 정량적인 것일 뿐, 정성적인 측면에서 본다면 스타트업이 가진 폭발적인 잠재력은 결코 무시할 수 없다. 스타트업의 강점은 빠른 속도를 중심으로 유연하고 혁신적이며 창조적인 활동을 펼친다는 것이다. 또한 자발적이고 적극적이다. 그들은 언제든 사업의 방향을 바꿈으로써 변화하는 트렌드의 파도에 빠르게 올라탄다. 또 구성원들끼리 서로 합의만 하면 사업의 아이디어, 방법, 목표마저 바꿀 정도로 유연한 면모를 가지고 있다. 무엇보다 자신들이 가진 한계를 보완하기 위해 적극적으로 관련 업체와 파트너십을 맺는다. 과거와 비교할 수 없는 속도로 달라지는 세상에 발맞춰 빠르게 트렌드를 바꿔야 한다는 측면에서는 요즘의 창업시장을 표현하기에 '벤처기업'보다는 '스타트업'이 더 잘 들어맞는다.

완전히 달라진 창업의 양상

열악한 환경을 견디고 엄청난 위험을 감수해야 함에도 불구하고 2017년경부터 세계적으로 스타트업 붐이 일어나, 내외적으로 꾸준히 그 수가 늘고 있다. 이것이 어떻게 가능한 것일까. 가장 눈에 띄는 변화는 이들을 지원하려는 제도가 늘고 환경이 계속해서 개선되고 있다는 것이다. 덕분에 창업을 시작하는 것에 대한 인식이 긍정적으로 바뀌고 있는 추세다.

과거에는 창업을 창업가 홀로 무거운 짐을 감당해야 하는 고독한 길처럼 여기는 경우가 많았다. 사업 밑천을 마련하는 일부터 아이디어 구상, 물건을 구매해줄 파트너 회사나 소비자를 찾아 나서고 투자를 유치하는 일까지, 창업가가 혼자서 해야 할 일이 너무 많았고, 그 과정이 가시밭길이라는 인식이 강했다. 그래서 창업자들은 '초심'이라는 이름의 결기를 가슴에 품지 않으면 안 되었다. 물론 지금이라고 이 모든 것이 쉽게 이루어진다는 것은 아니다. 하지만 지금보다 훨씬 더 창업가가 느끼는 중압감이 컸고, 모든 것을 준비해놓고 시작해야 한다는 생각이 강했다.

이런 과거와 비교했을 때 지금 가장 달라진 점은 창업이 '홀로 외롭게 무거운 짐을 지는 일'은 아니라는 것이다. 과거와 달리 생태계가 좀 더 안정적으로 자리 잡았고, 그 안으로 걸어 들어가기만 해도 당신을 도와주겠다고 기다리는 손길이 많다. 사업성을 평가해주는 멘토링 서비스, 숙식까지 제공하며 전문적인 역량을 길러주는 다양한 프로그램, 새로운 아이디어 제안이나 피드백, 동년배 창업자들과 소통할 수 있는 공간 등 차려진 밥상이 너무나 훌륭하다. 그 안에서 창업가들은 성장할 일만 남은 셈이다.

무엇보다 지금은 돈이 없다고 창업하지 못하는 시대도 아니다. (정부지원금을 받는 방법은 이후 부록에서 설명하겠다.) 국내뿐만 아니라 전 세계의 투자자들이 창업가들에게 투자하려 자본을 준비해놓았기 때문이다. 지금은 돈보다 창업하려는 사람이 가진 아이디어와 열정이 훨씬 중요하다. 창업은 그것들을 가지고 '스타트업의 카르텔로 걸어 들어가는 길'이라고 해도 과언이 아니다. 물론 성공에 대한 강한 의지가 필요하지만, 어찌되었든 과거에 비해 진입장벽이 훨씬 낮아졌고, 창업가를 반기는 수많은 전문가와 동료들이 존재한다.

창업에 대한 인식을 긍정적으로 바꾸는 데 제도나 환경이 중요한 역할을 했지만, 일하는 방식의 변화도 한몫을 했다. 과거의 창업이란 '성공 아니면 실패' 두 가지 길이 전부였다. 마치 '신의 한 수'가 필요한 겜블링을 연상케 한다. 어쨌든 실패했을 때 받는 타격을 조금이라도 흡수해줄 만한 제3의 길은 존재하지 않는 것처럼 보였다. 그러나 최근 창업하는 사람들 사이에 '피봇pivot'이라는 매우 가볍고 발랄한 개념이 도입되었다. 이것을 쉽게 말하면 죽을 것 같이 힘들 때 곧바로 꾀돌이처럼 변신하여 일하는 방식이다. 사업의 방향을 전환시킨다는 의미로, 스타트업이 선택할 수 있는 매우 유력한 생존 도구이기도 하다.

이 방식을 도입한 기업들을 살펴보면, 트위터를 만들어낸 창업자들이 애초에 목표했던 것은 인터넷 라디오 서비스였다. 대한민국 사람이라면 누구나 쓰고 있는 카카오톡은 애초 정보추천사이트에서 유래되었다. 인스타그램 역시 그 최초의 목표는 위치공유서비스였으며, 유튜브의 시작은 비디오를 기반으로 하는 데이터 서비스였다.

지금은 하나의 아이디어를 성공시키기 위해 앞만 보고 한길만 가는 시대가 아니다. 이것만 가지고 성공이냐 실패냐 판단하는 시대가 아니다. 요즘은 아이디어가 있으면 일단 가볍게 시작해보고, 하면서 시장의 피드백을 받아 보완해나가고, 빠르게 태세 전환을 하며 적응하는 데 초점을 맞추며 일한다. 이렇듯 끊임없는 피봇의 과정을 거치며 점진적으로 발전하는 방식으로 변모한 것이다.

또 동업에 대한 인식도 많이 바뀌었다. "동업만큼은 절대로 하지 마라." 이는 과거 기성세대가 금언으로 삼은 이야기다. 그러나 지금은 동업의 개념 자체가 다르다. 동업자의 역할도 달라졌다. 과거의 동업은 더 큰 자본력을 얻기 위해 산술적으로 결합하거나 마음 맞는 사람과 함께하는 경향이 강했다. 그러나 지금은 개인적 친분보다 사업을 발전시키기 위해 '팀플레이'가 가능한 사람들이 모여 사업을 시작하는 경우가 많다. 아이디어가 점점 중요해지다 보니 여러 관점에서 문제를 해결할 수 있도록 다른 생각을 가지고 있는 사람들이 모이거나, 일을 분업화했을 때 각자의 영역에서 두드러진 강점을 가지고 있는 사람들이 모이는 경우가 많다. 그래야 사업을 빠르게 밀고 나갈 때 시너지가 나기 때문이다.

또 과거에는 창업자들이 사업 밑천, 즉 개인적으로 초기자본금을 많이 마련한 상태에서 시작하려다 보니 여기에 도움이 될 만한 동업자를 찾으려 했는데, 요즘은 개인이 자본금을 마련하기보다 보통 투자처를 찾아 자본금을 받는 데 더 집중하기 때문에 이것이 동업자를 선정하는 데 큰 기준이 되지는 않는다. 또 그렇다 하더라도 돈 때문에 서로 싸울 일이 훨씬 줄어들었다.

과거와 현재의 창업 방식이 달라지는 데 결정적인 역할을 한 것이 또 있다. 바로 '시장의 변화'다. 예전에는 '수요를 찾아야 한다.', '고객의 니즈를 따라가야 한다.'라는 것이 창업의 불문율이었다. 그래야 고객들이 구매를 할 것이고, 사업적 기반을 넓힐 수 있다고 생각했기 때문이다. 하지만 지금은 있던 수요를 따라가는 것이 아니라 수요를 창조하는 시대다. 수요를 따라가고, 예측하고, 찾는 시대는 지났다. 대표적인 인물이 스티브 잡스다. 아이폰도 이에 해당하지만 화룡점정은 바로 아이튠스였다. 플랫폼을 만들어 음악을 싸고 쉽게 다운로드할 수 있는 방법을 제시하면서 이전에는 없던 새로운 수요와 시장을 창조해낸 것이다.

시장은 이렇듯 수요와 공급의 측면에서만 변한 것이 아니라 규모의 측면에서도 큰 변화를 맞았다. 전 세계가 유기적으로 연결되면서 이른바 '글로벌화', 우리가 타깃으로 삼아야 할 시장이 국내만이 아닌 전 세계로 확대된 것이다. 그래서인지 요즘 창업하는 사람들은 시장을 바라보는 안목부터 다르다. 과거의 창업이 국내시장에 한정되었거나, 해외 진출을 하더라도 대기업 같은 소수만이 도전해볼 수 있는 것에 그쳤다면, 지금은 해외 진출부터 생각하거나 해외 시장만을 겨냥하는 경우도 많다. 국내에서도 이를 지원하는 기업이나 기관, 프로그램이 적지 않다. 심지어 해외 투자자들이 투자를 하면서 먼저 해외 진출을 권하기도 한다. 과거에는 상상하기 힘들었던 전향적인 시장 개척 자세다.

창업의 트렌드와 그 방식이 달라졌다는 것은 결국 경제의 운용방식이 달라졌다는 것을 의미한다. 대량생산과 대량소비가 주축이었던 시대에는 거대자본과 많은 노동자가 필요했다. 그러니 창업자의 진입장벽도 당연히 높았다. 창업을 하더라도 무겁고 외롭고 고독할 수밖에 없었다. 그러나 IT가 새로 깔아놓은 플랫폼과 디지털 기술들의 초연결성은 독특한 아이디어만 있으면 얼마든지 글로벌 사업까지 염두에 둘 수 있는 환경을 만들어냈다. 더 나아가 빠르게 소비자들의 반응을 살펴보고 재빠르게 방향 전환을 할 수 있는 피봇도 가능해졌으니 훨씬 가벼운 마음으로 창업을 시작할 수 있는 여건이 마련된 셈이다.

무서운 속도로 환경이 변했고, 그 환경에 최적화된 비즈니스 선두주자들이 나타났다. 그들이 시장과 기업, 주변의 환경을 빠르게 바꾸고 있다. 바야흐로 '스타트업의 시대'가 열린 셈이다. 더 많은 개인이 창업의 전선으로 몰려가고 있다. 그들은 타인에게 더 발전된 서비스와 혜택을 제공함으로써 경제적, 정신적으로 더 높은 성장의 기회를 잡을 수 있다.

자본주의의 기본정신 중 하나는 '개인 자유의 확대'이다.

모든 사람이 자신의 의지대로 경제활동을 할 수 있다. 이 과정에서 자유가 확대되었고, 이것은 자본주의가 걸어온 역사이기도 하다. 지금 이러한 '자유의 길'이 스타트업을 만나 또 한 번의 비상을 꿈꾸고 있다. 누구나 스타트업을 통해서 세상을 바꿀 수 있을까? 그렇다. 우리가 살아가고 있는 지금 이 시대가 그것을 가능하게 한다. 새롭고 자유로운 아이디어가 가장 큰 가치로 인정받는 시대, 그것이 파급력을 발휘하는 시대. 지금은 당신이 가장 크게 비상할 수 있는 아이디어 자본주의 시대다.

'이해할 수 없는 딜레마의 시간'

파괴적 기술의 부작용을 막기 위해

찰스 디킨스의 《올리버 트위스트》의 서문을 보면 등장인물을 이렇게 소개하고 있다. "사익스는 도둑놈이고, 페이긴은 장물아비이며, 소년들은 소매치기이고 여자애는 창녀다."

이 작품은 산업혁명이 한창이던 19세기 전반 영국의 암울했던 상황을 그려냈다. 실제 당시 영국에는 범죄를 직업 삼아 살아가던 사람들이 1만 명이 넘었다고 하니, 그 비참한 상황이 어느 정도인지를 예상케 한다. 문제는 이러한 암울한 상황을 만드는 데 '기술의 발전'이 영향을 미쳤다는 것이다. 당시 섬유 노동자들은 방적기가 자신의 직업을 빼앗는다고 생각해 기계를 파괴하는 러다이트Luddite 운동을 벌였다. 혁신적인 기술이 일으키는 패러다임을 거부하려는 현상은 방직업계에서만 일어난 것이 아니다. 증기선이 발명되었을 때 선원들은 배에 올라가 출항을 막았다. 오스만투르크 제국은 인쇄술이 발달하자, 하층민들이 이를 이용해 자신들의 불만을 전파할까 봐 인쇄술의 도입을 막았다.

기술의 발전은 세상을 한층 더 눈부시게 발전시켰지만, 동시에 기존의 패러다임에 익숙해진 사람들의 거센 반발과 거부에 부딪쳤다. 이는 한마디로 '딜레마'가 아닐 수 없다. 기술은 어차피 발전하게 되어 있고 또 사람을 위해서 발전하는 것인데 정작 기술로 인해 일부 사람들이 피해를 입기 때문이다. 자본과 지식이 스타트업을 주목한다는 것은 향후 기술의 발전이 더욱 가속화된다는 것을 의미한다. 스타트업이 비즈니스 생태계에 활력을 불어넣어줄 것이라는 것은 분명 긍정적인 일이지만, 그들이 만들어낸 파괴적 기술이 일부 사람들에게는 재앙이 될 수도 있다는 점 또한 인지해야 할 문제다. 스타트업이 열심히 개발한 기술이 결국 내 일자리를 빼앗는다는 딜레마. 이것을 받아들이기도 쉽지 않고, 받아들이지 않을 수도 없는 진퇴양난의 상황. 이것은 마치 '이해할 수 없는 딜레마의 시간'과 같다.

'택시'가 옳을까, '타다'가 옳을까

산업혁명 당시 반발했던 노동자들은 자신들의 행동을 어떻게 인식하고 있었을까? 어제까지 아무 걱정 없이 일하며 돈을 벌었던 내가 갑자기 해고된다면 이것은 부당한 일이다. 그리고 만약 누군가가 그렇게 했다면 분명 '적(敵)'으로 간주될 수밖에 없다. 그러니 그 대상을 공격하는 것도 너무도 당연한 일이다. 어쩌면 그렇게 공격하는 것이 자신과 가족을 지키는 일이라고 합리화할 수 있다. 하지만 넓은 관점에서 보면 사람들이 이렇게 저항해도 결국 언제나 기술이 승리해 왔다. 방직기의 발명과 보급은 섬유 노동자들의 입장에서 본다면 '이해할 수 없는 딜레마'일 것이다.

이러한 현상은 2019년 대한민국에서도 일어났다. 가장 대표적인 것이 바로 '카카오택시', '타다'와 택시기사들의 충돌이었다. 이 사건으로 택시기사들이 연속적으로 분신을 시도했으며, 언론과 여론이 떠들썩하게 움직였다. 택시기사들에게도 '카카오', '타다'라는 새로운 플랫폼은 '이해할 수 없는 딜레마'일 것이다. 그들 입장에서는 자신은 어렵게 택시 면허를 따서 이런 기반을 유지하기까지 많은 노력을 했는데, 뜬금없는 회사들이 나타나 자신들의 생존권을 위협하니 얼마나 억울하겠는가. 그들에게 '카카오', '타다'는 곧 적인 셈이다. 숙박업계도 마찬가지다. 숙박업 면허를 만들고 갱신하는 노력을 해온 기존 업체 입장에서는 에어비앤비가 적일 것이다. 뜬금없이 동네의 이웃이었던 인근 집들이 자신들의 경쟁업체가 되면서 생존권을 위협하고 있기 때문이다.

사실 이런 딜레마는 시스템이 잘 발달하고 체계화된 국가에서 더 많이 발생한다. 차근차근 기술적으로 발전한 나라들은 그때그때 상황에 맞게 제도를 정비하기 때문에 시스템이 견고한 편이다. 따라서 지금과 같은 급격한 디지털 환경의 변화를 한꺼번에 수용하지 못한다. 우버가 한때 유럽에서 큰 저항에 부딪힌 것도 기존의 택시 사업자들이 격렬하게 반발했기 때문이다. 그러다 보니 법과 제도가 다소 허술한 저개발 국가에서 우버나 그랩이 비교적 활성화되는 것이다. 이들 국가에서는 새로운 기술을 받아들이느냐 받아들이지 않느냐는 논쟁과 저항 이전에 아예 혁신적인 기술이 그 모든 것을 '접수'해버리는 결과를 낳곤 했다.

'이해할 수 없는 딜레마'를 낳는 또 다른 요인은 각 사회계층이 갖는 지식의 차이다. 예를 들어 리더나 첨단 지식 분야에서 근무하는 전문가, 디지털 관련 회사에 근무하는 직장인들은 혁신적인 기술이 어떻게 미래를 변화시킬 것인지를 매우 잘 알고 있다. 그런 변화에 맞춰 새로운 일자리를 준비하기도 한다. 하지만 이러한 지식을 알 기회가 적은 사람들, 생활에 쫓겨서 '혁신 기술'과 같은 것을 공부할 수 없는 사람들은 갑작스레 들이닥친 변화의 물결에 더욱 큰 피해를 입게 되며, 더 크게 당황하게 된다.

연착륙을 위한 방법들

그렇다면 누군가의 피해를 막기 위해 기술의 발전을 막아야 할까. 첨단기술을 기반으로 한 스타트업 육성을 막아야 할까. 안타깝게도 혁신 기술의 개발과 확산은 지금보다 더 빠른 속도로 이뤄질 것이다. 또한 그것이 불러일으킬 변화의 폭도 더 크고 넓어질 것이다. 이 변화는 막을 수 없는 흐름이다. 바꿔 말하면 가까운 미래에 이 첨단기술이 특정 사람들에게 부정적인 영향을 미치게 될지도 모르며, 이로 인해 생계에 타격을 입는 사람들도 많아질 수밖에 없다는 이야기다. 그러나 말했듯이 이런 변화는 거침없이 몰려오는 쓰나미나 허리케인과 같다. 막거나 거부하고 싶어도 그럴 수 없는 대세인 셈이다.

딜레마로 인한 피해를 최소화하면서 스타트업이 같이 성장할 대안은 없을까. 가장 좋은 방법은 사회적 안전망을 마련하는 일이다. 그러려면 먼저 국가의 근본적인 역할이 무엇인지 재검토해야 한다. 이는 스타트업의 발전 경로에서 매우 중요하게 감안해야 할 점이다. 파괴적인 기술이 점점 많아지고, 이것으로 인해 누군가가 피해를 입고 그래서 이를 거부하는 사람들이 늘어난다면, 결국 국가의 역할에 대한 지적이 수면 위로 떠오를 것이기 때문이다. 따라서 국가는 단순히 스타트업에 자금을 대고 그들을 육성하는 차원에서 이 문제를 바라보아서는 안 된다. 스타트업이 폭발적으로 성장했을 때 사회는 어떻게 변할 것이며, 그에 따른 문제는 무엇인지, 그때 사회를 어떤 방식으로 안전하게 지킬 것인지 대안을 만들어야 한다.

혁신적일수록 실업률은 높아지는 법이다. 기술이 발달하면 이것이 기존의 일자리를 자꾸 줄여버리기 때문이다. 맥도날드나 KFC만 떠올려 봐도 쉽게 이해할 것이다. 요즘 직접 주문을 받고 계산을 하는 아르바이트생이 없다. 거의 대부분의 매장이 음식 주문용 키오스크를 두기 때문이다. 이 역시도 아르바이트생 입장에서는 '이해할 수 없는 딜레마'일 것이다. 이때 국가는 어떤 대안을 제시할 수 있는가?

현대경제연구원은 '2019년 다보스 포럼의 주요 내용과 시사점'이라는 보고서를 통해서 이러한 문제를 제기하고 있다. "기술혁명으로 생산성이 향상되어 경제 성장에 긍정적인 효과가 기대되나 향후 기계가 인간을 대체하는 등 노동시장의 변화가 예상되어 부정적인 영향에 대한 준비도 필요하다. AI, 스마트 공장 확대 등은 생산성을 높이고 비용을 줄여 경제성이 향상될 것으로 예상된다. 그러나 기술혁명으로 노동의 대체 및 보완이 예상되고 이에 따라 일부 일자리 소멸, 새로운 직업군 탄생 등이 수반되는 노동시장의 변화가 불가피하다."

이런 문제가 발생했을 때 사회적인 안전망이 튼튼하면, 즉 실업에 대한 보완책이 확실하다면 어떨까. 국민이 이 모든 것을 주도하는 국가를 강하게 신뢰하고 있다면 어떨까. 일자리를 잃었다고 해서 혁신기술을 격렬하게 반대하고 거부하는 현상이 줄어들지 않을까. 최소한 정부가 일자리를 잃어버린 사람을 방치하거나 버리지 않을 것이라고 생각할 것이기 때문이다. 그렇게 되면 변화하는 패러다임에 저항하기보다 그것을 자연스럽게 수용하고 발전시키는 방향으로 나아갈 수 있게 된다.

앞으로 국가가 어떤 모습을 지향하면 좋을지 잘 보여주는 사례가 있다. 바로 스위스 정부다. 스위스는 강력하게 스타트업을 지원함으로써 혁신적인 기업들이 자국에 빨리 뿌리내리도록 애쓴다. 덕분에 스타트업으로 인한 고용 창출도 늘어나는 추세다. 하지만 정부는 이와 동시에 사회적 변화를 따라가지 못하는 사람들을 대상으로 적절한 직업 교육을 실시하여 실업률을 더욱 낮추고 있다. 또 복지제도를 강화하여 국민들의 안정적인 노후를 보장한다. 스위스의 이런 튼튼한 사회적 안전망이야말로 스타트업을 적극적으로 육성하면서 동시에 발생할 수 있는 여러 사회문제를 예방하는 좋은 대안이다.

이러한 노력 덕에 스위스는 세계지식재산권기구WIPO에서 매년 발표하는 글로벌 혁신지수GII에서는 무려 8년간이나 세계 1위를 차지했다. 이 지수는 전 세계 80개국을 대상으로 국가 경제의 창의성과 혁신성을 측정한 지표다. 한 글로벌 투자은행에서 발간한 보고서에 따르면 스위스에서는 매년 4만 개의 신생기업이 창업한다고 한다. 또 그중 82%가 스타트업이다. 거기다가 창업 5년 이내 3년 연속 평균 20% 이상 고성장한 '가젤기업' 수도 400여 개나 된다. 그런데 스위스의 청년 실업률도 놀라울 정도로 낮다. 2018년 기준 2.5% 정도인데, 이는 거의 '완전 고용'에 가까운 수준이다. 사실 앞서 이야기한 스위스 정부가 하는 일은 가장 이상적인 형태의 정부 운영에 가깝다. 하지만 기술 혁신이 국가의 미래를 바꾼다는 점에서 '정부에 대한 높은 신뢰도-높은 혁신성-낮은 실업률' 이 3박자가 어우러진 시스템은 앞으로 국가가 반드시 구축해야 할 시스템 모델이라 할 수 있다.

안타까운 일이지만 지금의 대한민국은 이러한 현실을 따라가지 못하고 있다. 특히 국민들의 정부신뢰도가 낮다. 정치의 영향이 크지만, 정부 정책 역시 규제가 강하다 보니, 이 부분에 대한 신뢰도도 낮고 혁신성도 떨어진다. 실제 OECD가 발표하는 정부신뢰도 조사(2018년 OECD-KDI간 공동연구 보고서)에서 한국이 36개 회원국 가운데 역대 최고 성적인 22위를 기록했지만, 여전히 중하위권을 맴돌고 있으며, 혁신성 분야는 11위에 그쳤다. 그러다 보니 실업률도 매우 높다.

지난 2019년 2월 기준으로 보면 금융 위기 이후 가장 높은 수준으로 치솟았다. 스위스와 정반대인 '정부에 대한 낮은 신뢰도-낮은 혁신성-높은 실업률' 시스템으로 운영되고 있는 셈이다. '이해할 수 없는 딜레마의 시간'은 기술이 발전하면 어쩔 수 없이 따라오는 문제이긴 하지만, 정부의 역할과 시스템 개편으로 얼마든지 이 혼란의 시간을 줄일 수 있다. 그러나 국가가 시스템 개선 없이 딜레마의 시간을 길어지게 두면 사람들은 점점 혁신을 거부할 것이고 개인-기업-사회는 더 퇴보하게 될 것이다.

사회철학자 토마스 홉스는 자연 상태의 인간을 연구하면서 '만인에 대한 만인의 투쟁'이라는 표현을 사용했다. 이것은 '곧 이해할 수 없는 딜레마'가 장악하고 있다는 의미다. 스타트업이 환호할 만한 기술을 개발하여 사업을 확장시키는 일이 누군가의 분신자살을 부른다는 것은 이 '만인에 대한 만인의 투쟁'이 되살아나고 있다는 증거다. 이를 막으려면 개인과 기업이 빠르게 변하듯 국가도 더 빠르게 변해야 한다. 스타트업만 독려한다고 나라가 발전하는 것은 아니다. 파괴적 기술이 야기하는 부작용에 대한 대안도 있어야 혼란을 줄이면서 좀 더 안정적으로 발전할 수 있다.

Chapter 2

일자리 천국을 만들어내다

기존의 낡은 것들은 이 균열 속으로 빨려 들어가 사라지게 되고, 새로운 가치와 시스템이 낡은 것들의 자리를 대체한다. 비즈니스 생태계를 파괴적으로 바꾸고 있는 신종족, 변화하는 창업 트렌드를 선도하는 변종의 늑대들은 스타트업뿐만 아니라 사회 전반까지도 바꾸고 있다. 일과 문화, 경제적 토대, 그리고 자신들의 상황과 처지마저도. 그 정도로 강력하며, 앞으로 그들의 영향력은 더 막강해질 것이다.

대기업의 새로운 엔진, 스타트업의 힘

'작은 회사'가 '약한 회사'라는 인식은 시대착오적이다

많은 사람이 중소기업보다 대기업을 선호한다. 회사 규모가 크고 근무하는 직원이 많으면 그만큼 업계에서 기술력이나 경쟁력이 뛰어나고 매출도 안정적일 것이라고 생각해서다. 대기업도 여기에 어느 정도는 동의할 것이다. 주어진 자원을 극대화해 몸집을 빠르게 불렸고, 이런 방식으로 수익을 늘려왔기 때문이다. 또한 이것이 대중들의 신뢰도나 인지도와 맞물리면서 기업의 성장을 견인해온 것도 사실이다. 그런데 이러한 통념들이 점점 깨지고, '과거'의 방식이라 취급받는다. 변종의 늑대들이 산업의 지형도를 바꾸고 있기 때문이다.

그들이 이끄는 스타트업은 단순히 대기업에 무시당하지 않는 수준으로 발전하는 게 아니다. 대기업을 위협할 만한 수준으로 경쟁력을 갖추고 있다. 뛰어난 기술력과 아이디어, 빠른 추진력으로 말이다. 대기업의 움직임을 봐라. 국내외 주목할 만한 스타트업에 막대한 투자를 하거나, 직접 벤처 캐피털을 세워 그들의 지분을 확보하거나, 아예 M&A를 통해 회사를 인수하거나 기술협력을 맺는다. 이것이 모두 스타트업이 그만큼 경쟁력이 있다는 방증이다.

대기업이 스타트업에 많은 돈을 투자하는 것은 사실 철저한 경제적 계산에 따른 것이다. 원천기술을 개발하기에는 더 많은 비용이 들고(특히 시간), 스타트업들이 애써 개발한 독보적인 기술을 자칫 모방했다가는 특허 침해에 휘말릴 수 있다. 또 아무리 정보력이 뛰어나도 아직 수면 위로 떠오르지 않는 스타트업의 핵심 기술에 근접하는 것도 쉬운 일은 아니다. 어쩌면 지금은 대기업의 이런 움직임이 최선인 셈이다. 하지만 그들이 스타트업을 자신들의 미래 동력으로 주목하고 있는 만큼, 더 다양한 방식으로 투자나 협력을 맺으려고 할 것이다. 결국 대기업이 주축이 되어 꾸려왔던 생태계에도 커다란 지각변동이 일어날 것이다. 이는 거스를 수 없는 대변혁이다.

두려워하느니,
내 것으로 만들어버리는 M&A 전략

지난 2017년 현대경제연구원은 '4차 산업혁명에 대한 기업의 인식과 시사점'이라는 보고서를 발표했다. 약 400개의 상장기업과 중소기업을 대상으로 '4차 산업혁명을 어느 정도 준비하고 있는가?' 물었는데 결과는 아주 놀라웠다. 지난 수년간 우리 경영 및 산업계에서 4차 산업혁명에 대한 화두가 끊임없이 나왔음에도 준비하고 있는 기업이 많지 않았기 때문이다. 전체 기업 중 70%가 '제대로 준비하지 못하고 있다.'라고 대답했고, '철저히 준비하고 있다.'는 기업은 2.2%에 불과했다. 미래에 대한 준비를 전혀 하지 못하고 있다는 현실을 여실히 보여주는 대목이었다.

반면 이런 상황에서도 스타트업은 놀라운 기세로 빠르게 성장하며 4차 산업혁명의 핵심 주역으로 주목받고 있다. 이를 방증하는 것이 대기업과 스타트업의 M&A다. 국내의 경우만 보더라도 인공지능과 관련해 대기업이 스타트업과 M&A를 맺은 사례가 2012년 11건이었는데, 2017년에는 1·2분기에만 무려 60건이 이루어졌다. 로봇 관련 기술 M&A는 2015년에 15개로 역대 최고치를 기록했다.

K-뷰티 '닥터자르트'
에스티로더에 1조 원대에 인수

국내에도 화장품을 소재로 한 스타트업이 눈에 띄게 늘고 있다. 동남아, 중국, 인도 등 K-POP 열풍에 힘입어 K-뷰티까지 전 세계를 휩쓰는 상황에서 최근 글로벌 명품 화장품 브랜드인 에스티로더가 국내 화장품 스타트업을 1조 원대에 인수하는 일이 벌어졌다. 그 대상은 바로 '닥터자르트'다.

닥터자르트는 원광대 건축학과 출신의 한 청년이 피부과 의사인 매형과 이야기하던 중에 아이디어를 얻어 창업하게 된 화장품 브랜드이다. 청년은 여드름을 치료할 때 병원에서 발라주던 비비크림이 궁금해 매형에게 물었고, 미국이나 유럽에서는 이미 약국이나 병원에서 개발한 화장품이 인기를 얻어 뷰티 시장 내에서도 급성장하고 있다는 이야기를 전해 들었다. 일명 '더마 코스메틱' 분야였다. 청년은 바로 '저걸 팔아봐야겠다.'라고 결심했다.

그렇게 해서 2005년 서울에 해브앤비라는 회사가 설립되었고, 이 이야기의 주인공인 이진욱 대표는 의사들의 조언을 들으며 화장품을 개발했다. 치료과학이라는 의미를 담아 브랜드명도 '닥터자르트'라고 지었다. 2006년 이 대표는 한국과 미국에서 동시에 화장품을 팔기 시작했고, 한때 K-뷰티의 상징이었던 비비크림을 미국에 알린 주역이 됐다. 이후 전 세계 37개국에 진출해 스킨케어 제품들을 선보이고 있다. 2015년 860억 원이었던 회사 매출액은 2018년 4,898억 원으로 늘었다. 글로벌 화장품 기업 에스티로더는 닥터자르트의 가치를 알아봤고, 2015년 창업자 이진욱 대표에게서 지분 33.3%를 인수했다. 그 후 매출액이 3,000억 원을 돌파하기까지는 3년밖에 걸리지 않았다. 에스티로더는 2019년 11월 18일 이 대표가 가지고 있던 나머지 지분 66.7%도 인수하며, 기업가치는 2조 원으로 평가했다고 발표했다. 정확한 금액은 밝히지 않았지만 업계에서는 인수금액이 최소 1조 3,000억 원은 넘을 것이라 추정하고 있다.

해외 시장은 국내보다 더 적극적이다. 그중 대표적인 사례 하나를 소개하면, 월마트를 들 수 있다. 월마트는 특유의 할인 전략으로 경쟁사를 꺾고 세계 최대의 오프라인 유통업체로 자리매김했다. 그런 데 월마트가 기업 역사상 가장 큰 투자금액인 4조 원을 들여 2015년에 창업한 제트닷컴을 인수했다. 제트닷컴은 묶음 할인, 입점 수수료 할인 같은 전략으로 선풍적인 인기를 끌며 창업 1년 만에 천문학적인 가치를 지닌 기업으로 성장한 곳이다. 월마트가 막대한 비용을 들여서라도 이 회사를 인수한 것은 제트닷컴의 성장세가 앞으로 자신들에게 큰 위협이 될 것이라는 사실을 깨달았기 때문이다. 비록 스타트업은 아니지만 대기업이 중견기업, 중소기업 M&A를 통해 덩치를 키워 시장을 장악하는 사례가 많아지고 있다.

최근, 동영상 스트리밍 서비스 OTT Over the top의 성장 역시 주목할 만하다. 지상파를 뛰어넘겠다는 기세로 시장을 빠르게 장악하고 있으며, '내 손 안의 드라마, 영화'라는 야심 찬 콘셉트로 소비자들의 일상에 깊숙이 파고들었다. 글로벌 인터넷 스트리밍 서비스 업계를 이끈 선두주자 넷플릭스는 2019년 11월 기준, 전체 이용자 수가 1억 5,000만 명에 달할 정도로 빠르게 성장 중이다. 이에 위협을 느낀 디즈니는 넷플릭스에 맞서기 위해 픽사, 마블 스튜디오, 루카스필름, 21세기 폭스(이하 폭스) 등 쟁쟁한 제작사들을 공격적으로 M&A 하였다. 자연스레 디즈니가 제공하는 스트리밍 서비스인 '디즈니 플러스'에서도 여러 스튜디오가 제작했던 수많은 작품들을 시청할 수 있게 됐다. 대표적으로는 MCU Marvel Cinematic Universe와 '스타워즈' 시리즈. 이외 모든 디즈니, 픽사 애니메이션들도 디즈니 플러스의 품 안으로 들어가게 됐다. 또 가장 최근 개봉한 MCU 영화 '캡틴 마블'은 타 스트리밍 서비스에서는 시청이 불가능하고 오직 디즈니 플러스에서만 시청할 수 있다.

M&A를 통해 탄탄하게 준비한 결과 2019년 11월 13일, '디즈니플러스'가 출시된 첫날 구독자는 1,000만 명을 돌파하게 됐다. 같은 날 어플리케이션 조사업체 앱토피아가 발표한 내용에 따르면 디즈니플러스 어플리케이션은 320만회 다운로드 되었다. 또 앱스토어에서 최고의 어플리케이션으로 꼽혔다. 당초 디즈니의 목표는 5년 안에 6,000만 명을 확보하는 게 목표였으나, 이들은 단 하루 만에 목표의 6분의 1을 달성했다. 그 정도로 시장의 반응은 뜨거웠다.

디즈니는 그들이 가진 기술과 전략을 모방하거나 새로 개발하느니 서둘러 경쟁업체나 관련 업체를 인수해 그 기술과 전략을 그대로 흡수하는 편이 더 이득이라는 계산이 섰을 것이다. 실제로 그 덕분에 새로운 시너지 효과를 보고 있다. 경쟁자를 계속 적으로 두며 두려워하느니, 차라리 내 것으로 만들어버리는 M&A 전략이 신의 한 수가 된 셈이다.

글로벌 경쟁력 갖추기 위한 스타트업 기술력

세계에서 가장 혁신적인 기업이라고 평가받는 애플도 같은 방식을 취하고 있다. 애플은 2019년 상반기에만 2~3주마다 스타트업을 한 곳씩 인수했다. 그렇게 해서 6개월 동안 인수한 회사만 20~25곳이다. 아마도 역사상 이렇게 짧은 기간 안에 이렇게 많은 스타트업을 인수한 사례도 매우 드문 일이다. 더 놀라운 것은 인수한 회사들의 영역도 매우 다양하다는 것이다. 음악가들과 손잡고 작품을 제작하는 '플래툰', 응용 프로그래밍 인터페이스 개발업체 '스템플레이', 머신러닝 회사 '레이저라이크', 디지털 마케팅 회사 '데이터 타이거' 등이 여기에 해당한다. 그런데 이렇게 알려진 기업보다 베일에 가려진 기업들이 더 많다. 이름조차 생소한 스타트업들이 대거 인수되었는데, 최고 경영자 팀 쿡은 이를 두고 미국 CNBC와의 인터뷰에서 이렇게 이야기했다. "우리가 필요하다고 여기는 것, 그에 대한 전략적 목표만 있다면 무엇이든 인수할 것입니다." 이 정도면 애플이 미래를 개척하는 매우 중요한 수단으로 스타트업을 염두에 두고 있음을 분명히 알 수 있다.

M&A를 원하지 않는 스타트업은 대기업과 기술 협력

을 통해 상생하기도 한다. 이스라엘 스타트업 '모빌아이'는 자율 주행차와 관련된 기술 중 가장 중요하다고 손꼽히는 ADAS로 세계 최고의 평가를 받는다. ADAS 기술이란 자동차의 주행 환경을 실시간으로 수집하고 분석해서 사고의 위험을 알려주는 시스템이다. 이 회사는 현재 BMW와 협력하며 자사의 기술을 제공하고 있다. 국내 대기업도 스타트업 투자에 박차를 가하고 있다. 최근 기아자동차는 자율 주행을 기반으로 다양한 기술을 내놓고 있는 '코드42'란 기업에 150억을 투자한다고 밝혔다. 이 기업에는 기아뿐만 아니라 SK, LG, CJ 등 국내 대기업들이 대거 참여했다. 현대자동차는 해외 스타트업 중 의료정보 분석 기업인 엠디고MDGo에 투자하기로 밝혔다. 이를 통해 엠디고의 의료 서비스 기술을 자사의 제품에 탑재하는 방식으로 기술 협력을 꾀하려는 것이다. 그뿐만 아니라 세계적인 대형 은행들도 마케팅 분야, 고객 응대 분야, 투자 분석 분야를 전문적으로 다루는 스타트업과 협업하고 있다.

대기업들은 스타트업에 대한 투자를 더욱 가속화하기 위해 자신들이 주도하는 새로운 형태의 벤처 캐피털Corporate Venture Capital을 만들어 지분 확보에 열심이다. 국내의 기업 경영성과 평가 사이트인 'CEO스코어'에 따르면 매출 기준

500대 기업이 지난 5년간 투자한 총 금액은 1조 2,000억 원에 달한다. 이는 매년 급격하게 투자가 불어났다는 뜻이다. 2014년에는 171억 원에 불과했지만, 2018년에는 4,580억 원으로 늘어났다. 국내 시장에서 가장 큰 손이라 불리는 삼성전자가 2019년 상반기 중에 M&A 한 곳은 '코어포토닉스 Corephotonics'와 '푸디언트Foodient' 2곳이었다. 코어포토닉스는 이스라엘에 설립된 8년차 스마트폰 카메라 솔루션 업체이고 푸디언트도 비슷한 시기에 영국에서 설립된 인공지능 식품 기술 스타트업이다. 삼성전자는 지난 2017년 대규모 M&A였던 '하만Harman' 인수 건을 마무리 지은 이후 사업 외적 환경으로 인해 다소 M&A에 소극적으로 나섰다가, 지금은 다시 공세모드로 전환을 꾀하고 있다.

코어포토닉스의 경우 삼성전자 내부 벤처투자펀드인 'SVIC 23호 신기술투자조합'에서 이미 지분 8%가량을 투자하고 있던 곳으로, 이후 삼성전자 베네룩스 법인이 나머지 지분 대부분을 인수해 현재는 92.4%를 보유하고 있다. 삼성전자는 하만 인수와 같이 해당 업계를 완전히 장악하고 있는 업체를 통째로 인수하거나 유망 기술을 보유하고 있는 신생기업을 일찌감치 인수해 육성하는 전략으로 M&A 노선을 짜고 있다.

영국의 스타트업 푸디언트도 삼성전자가 스타트업 투자 전담 조직으로 미국에 두고 있는 '삼성넥스트'를 통해 인수한 경우다. AI 기술을 활용해 음식의 영양정보를 분석하고 최적의 레시피를 제공하는 푸디언트는 삼성에 인수되기 전부터 협업관계를 맺어온 케이스이기도 하다. 대기업의 이러한 과감한 투자는 분명 미래의 주역이 스타트업임을 실감했기 때문이다.

과거 막 창업한 기업들은 인적자원이나 기술력이 부족하고 자금력도 약하다고 평가받았다. 스스로도, 외부의 평가도 그것이 일반적인 이야기였다. 언제 망해도 이상하지 않다는 이야기도 흔했다. 하지만 지금의 스타트업은 그런 이미지를 완전히 불식시키고 있다. 지금의 스타트업은 대기업이 하지 못하는 방식으로 새로운 아이디어와 파괴적인 기술을 만들어낸다. 그것을 통해 대기업에 미래 서바이벌의 혁신적 도구를 제공하고 있다. 아직도 스타트업을 '언제 망할지 모르는 작은 회사'라고만 치부한다면, 그것이야말로 시대착오적 발상이다. 급진적인 아이디어로 저만치 달려 나가 대기업에 새로운 미래를 제시하는 것. 이것이 스타트업이 가진 진정한 힘이다.

룰이 없는 늑대들, '야생성'을 불어넣다

스타트업의 파괴적인 목표들

일하는 방식을 바꾼다는 것은 단순히 A에서 B로 변화를 꾀하는 것이 아니다. 기업의 성과, 혁신성, 경영성과를 좌우할 정도로 압도적인 변화를 추진하는 일이다. 시대가 변하면 사람도 변한다고 했듯이, 일하는 방식도 변해야 한다. 그렇지 않고 과거의 성공방정식만 따르면 결국 느린 공룡과 같은 최후를 맞게 될 것이다.

수백 년을 이어온 기업들도 최근 들어 일하는 방식을 바꾸고 있다. 그 기폭제가 된 것이, 빠르게 치고 올라오는 스타트업의 등장이다. 이들은 과연 어떤 기업문화와 일하는 방식을 가지고 있길래 그렇게 빠른 시간에 폭발적으로 성장할 수 있는 것일까? 기존의 대기업들이 바라본 구글, 애플, 페이스북이 실험하고 정착시킨 혁신적인 기업문화는 그야말로 놀랍도록 파격적인 문화적 충격이었다. 그러나 새로운 시대에 더 빨리 적응하려면 결국 이러한 방식으로 변화를 꾀할 수밖에 없다는 사실을 인정할 수밖에 없었다. 이것이 전통 방식으로 성공한 대기업들이 성공한 스타트업의 일하는 방식을 차용하는 까닭이다.

더 이상 '계획'과 '예측'이 통하지 않는다

기존의 대기업이 추구해온 일하는 방식은 다양한 측면에서 경직되어 있다는 비판을 받아왔다. 의사결정이 느리고 변화를 시도하기 힘들다는 점, 내부 이해관계의 충돌로 인한 갈등, 권위에 의한 상명하복의 문화, 목표를 정해놓고 어떤 식으로든 성과를 내라고 압박하는 문화 등이 불합리하다며 단점으로 지적되었다. 하지만 그럼에도 불구하고 대기업은 그간 굳건히 버텨왔다. 그런데 이 지점에서 우리가 한 번 깊게 생각해봐야 하는 문제가 있다. '이렇게 비합리적인 방식으로

일하는 데 어떻게 계속 버틸 수 있었을까?'

과거 대기업이 경영하던 방식을 살펴보면 '계획'과 '예측'이 가능했다. 제품을 기획하고, 생산을 계획하고, 판매를 예측한 다음 최대한 근사치에 맞추는 것이 경영의 뼈대였다. 이런 방식으로 일하는 것이 가능했기에, 불합리한 일 처리 방식이나 문화가 용인될 수 있었던 것이다. 의사결정이 늦어도, 변화하기 힘들어도, 상명하복 문화가 비인간적이더라도 '계획과 예측'을 기반으로 매출을 올릴 수 있다면, 기업은 얼마든지 버티고 유지될 수 있었다.

문제는 이제 그런 '계획'과 '예측'이 더 이상 통하지 않는다는 것이다. 과거의 경우, 한 해 계획을 세우면 향후 2~3년 동안은 그 계획의 기조에 큰 변화가 없었다. 지난해 판매량 데이터만 있으면 책상에 앉아서도 올해나 내년 판매량을 어림잡아 예측하고 계획을 세울 수 있었다.

하지만 지금은 어떤가. 이런 안정적인 판 자체가 사라졌다. 산산조각 났다. 지난해 데이터가 더 이상 통하지 않는다. 과거 하청업체에 불과했던 작은 기업들이 순식간에 대기업의 턱밑까지 치고 올라와 자리를 위협한다. 그중 어떤 기업은 아예 판을 뒤엎는다. 가만히 앉아만 있다가는 어퍼컷을 맞고 전세가 역전되는 기이한 현상이 벌어지기 시작한 것이다. 이를 한마디로 말하면 '동시다발적 붕괴와 창조'라고 할 수 있다. 미국의 경영전략가들은 이를 '빅뱅 파괴'라고도 부른다.

세계적인 컨설팅 회사인 맥킨지의 보고서에 따르면 1980년까지만 해도 미국 포춘 500대 기업에서 중국을 비롯한 신흥국의 기업이 차지하는 비중은 5%에 불과했다. 그런데 2013년에는 2배 이상 치솟은 26%로 늘었다. 또한 향후 2025년까지 45% 이상 치고 올라올 것으로 전망하고 있다. 반면 기존에 시장을 장악하고 있던 북유럽 기업들은 1980년대까지 76%라는 압도적인 지위를 차지했으나 2013년에는 54%로 주저앉고 말았다.

이러한 급격한 기업 환경의 변화는 국내에도 일어나고 있다. LG경영연구소가 5년 단위로 11개 업종에서 상위 15개 회사들의 순위를 비교분석한 결과, 2004년부터 2009년까지 기업 순위가 바뀐 것은 16% 정도였다. 그런데 2009년부터 2014년까지는 22%의 기업이 순위가 뒤바뀌었다. 시간이 지날수록 경영 환경은 더 급속도로 변할 것이다. 더 이상 과거의 방식으로, 책상 앞에 앉아 편안하게 '계획과 예측'하며 경영하는 방식으로는 살아남을 수 없다. 그런 방식은 먹히지 않는다. 이 지표들이 그것을 말해주고 있다.

잡아먹힐 것인가? 먼저 잡아먹을 것인가?

“새로운 게임을 하려고 한다면, 비즈니스 모델 혁신을 하려고 한다면, 미안하지만 ‘기존에 들어갔던 리소스(자원)를 3년 안에 다 없애겠다.’ 거의 이 정도까지 생각해야 한다.” 2019년 10월 제주도에서 열린 SK그룹 CEO(최고경영자) 세미나에서 최태원 회장이 한 말이다.

재계는 최태원 회장의 발언을 1993년 이건희 삼성 회장의 프랑크푸르트 선언(신경영)에 빗대어 본다. “마누라와 자식만 빼고 다 바꾸라.” 이건희 회장의 이 말은 삼성을 바꿔놓은 일갈이었다. 같은 맥락에서 섬유부터 정유화학-이동통신-반도체-배터리까지 계속 사업을 확장시켜온 SK그룹도 새로운 엔진을 찾자는 것이다. 한 그룹 관계자는 이 말이 “CEO들에게 ‘다 내다 팔더라도 새로운 성장 동력을 만들 방법을 3년 안에 찾아오라.’라고 지시한 것으로 들렸다.”라고 했다.

최태원 회장은 실제 비슷한 맥락의 이야기를 수차례 하며 직원들에게 경각심을 심어주었는데, 결국 핵심은 “이대로 가면 유형자산이 없는 기업의 하청업체로 전락할 수 있다.”라는 것이다. 그가 말하는 유형자산이 없는 기업은 우버나 구글, 넷플릭스 등 IT를 기반으로 한 새로운 플랫폼 기업들이다.

대기업에 신선한 충격을 주는 스타트업

스타트업들은 애초에 대기업을 파괴할 목적을 가지고 있다. 그들의 움직임은 대기업을 위협하기에 충분하다. 이런 상황에 대응하고자 대기업이 주목한 것이 바로 스타트업의 문화와 일하는 방식이다. 엄청난 속도로 변화하는 소비자의 욕구와 기술의 진보를 받아들이면서 경영해야 하는데, 그러려면 그들의 문화를 받아들일 수밖에 없다. 《린 스타트업》을 쓴 에릭 리스Eric Ries는 국내 모기업의 뉴스 사이트와의 인터뷰에서 이렇게 말했다.

"지금도 실리콘밸리에 있는 친구들은 새로운 업무 방식으로 당신의 시장이나 사업모델을 파괴하기 위해 엄청나게 노력하고 있다. (…) 이는 여러분의 비즈니스가 현재 아무리 안전하더라도 이것으로 장기적인 계획을 세울 수는 없다는 것을 의미한다. 확실하게 말할 수 있는 한 가지는 오늘 세운 향후 5개년 계획이 무슨 내용이든 간에 그것은 이미 정확하지 않다는 것이다."

이러한 위기의식을 느낀 글로벌 기업은 물론 국내 대기업들도 서둘러 스타트업의 문화를 도입하기 시작했다. 삼성, LG, 현대차, GS그룹 등은 수직적 위계질서를 중시하는 기존의 문화에서 벗어나 유연하고 소통이 잘 되는 문화로 바꾸기 위한 시도들을 하고 있다. 현대자동차그룹 정의선 수석부회장이 발표한 '혁신 · 소통'의 바람이 거세다. 정 수석부회장이 2018년 9월 그룹 경영을 도맡고 나서 현대차의 기업문화 혁신 작업이 거듭 진화하고 있다는 평가가 나온다. 가장 눈에 띄는 대목은 '소통' 구조다. 그중 대표적인 것이 라운드테이블 미팅이다. 수출 확대 및 경영전략, 상품 회의 등 매달 여는 정기 임원회의와 달리 이 모임엔 특별한 안건이 없다. 차담회(茶談會) 형식으로 자유 토론이 이뤄지는 것.

현대차가 최근 일반 직원들을 대상으로 직급체계 단순화 여부를 묻는 설문조사를 한 것도 역시 같은 맥락이다. 회사는 직원들의 설문조사 결과까지 공개했다. 상당수 직원은 직급체계 단순화에 공감했다. 회사 안팎에선 인사정책 방향을 놓고 직원들에게 미리 의견을 구한 것 자체가 이례적이란 반응이 나온다. 회사 게시판엔 "이게 바로 변화의 시작인 것 같다."라는 댓글이 이어졌다는 후문이다.

현대 · 기아차 본사는 2019년 기업문화를 바꾸기 위해 다양한 시도를 하고 있다. 최근 구내식당 도시락 메뉴도 늘렸다. 기존에는 한 가지 종류밖에 없었는데 이를 여섯 가지로 확대했다. 최근 도시락을 받아가는 직원 수가 늘자 메뉴도 다양하게 준비한 것이다. 여섯 가지 메뉴 중 하나는 채식주의자를 위한 메뉴다. 서울 양재동 본사 건물 각 층마다 있었던 흡연실은 휴게공간으로 바뀌었다. 이 공간에는 직원들이 읽을 수 있는 책도 비치했다. 직원들이 담소를 나누거나 가볍게 회의하는 공간으로도 활용할 수 있다. 사옥 내 흡연에 대해 부정적으로 생각하는 직원들이 늘어나 흡연실을 없애고 편하게 쉴 수 있는 공간을 늘린 것이다.

현대차는 사옥 내 무선인터넷 서비스도 개방했다. 지금까지는 보안을 이유로 유선 인터넷만 허용했는데, 직원들이 무선인터넷이 안 돼 태블릿PC나 노트북 등을 가지고 회의하기 불편하다는 의견이 계속되자 이를 바꿨다. 현대차는 2019년 초 정 수석부회장이 "조직의 생각하는 방식, 일하는 방식에서도 변화와 혁신을 추진하겠다."라고 발표한 이후 다양한 시도를 이어가고 있다.

10대 그룹 중 처음으로 정기공채를 없앴고, 완전 자율복장제도도 도입했다. 청바지를 입고 출근하는 직원도 흔히 볼 수 있다. 세계적인 기업들 중에서는 GE나 소니, 소비재 기업인 유니레버가 스타트업의 경영 방식을 차용했다. 대중들에게 빠르게 피드백을 받고 끊임없이 목표를 수정하기 시작한 것이다. 이러한 변화를 통해 대기업들이 얻고자 하는 것은 재미와 자유로움, 개방성, 권한의 부여, 민주성 등 스타트업만의 일하는 방식을 자사에 뿌리내리게 하는 것이다. 또한 이를 통해 궁극적으로는 빠른 변화에도 뒤처지지 않는 속도와 적응력을 얻는 것이다.

그러나 '스타트업 배우기'를 할 때도 한 가지 주의할 점이 있다. 일하는 방식과 문화를 바꾸는 것도 중요하지만, 정말 중요한 것은 '스타트업이 가진 본질적인 정신'을 구현하려고 힘써야 한다는 점이다. 그것은 실패를 기꺼이 받아들이고 커다란 위험을 감수하는 태도'다. 지금은 미국 서부 샌프란시스코의 실리콘밸리가 스타트업의 성지가 되었지만, 사실 창업의 전진기지인 매사추세츠 공과대학이 있는 곳은 동부의 보스턴이었다. 창업 지역으로 활성화되는 데 어쩌면 보스턴이 더욱 유리한 지점에 있을 수도 있었다. 그런데 왜 보스턴보다 샌프란시스코가 창업의 요람이 되었을까?

'실리콘 밸리의 대부'라고 불리는 스티븐 블랭크는 이를 두고 매우 흥미로운 분석을 했다. "1970년대 보스턴의 벤처 캐피털이 은행 같았다면 서부 벤처 캐피털은 도박사 같았다. 동부 투자자는 확실한 결과가 보장되는 프로젝트를 원했다면, 서부에선 포트폴리오가 너무 좋은 사람은 오히려 '위험을 감수하지 않는 사람'이라고 부정적으로 해석했다. 투자한

10가지 중 9가지가 실패로 돌아가도 1가지만 성공하면 된다는 모험가적인 문화가 서부에는 있었다."

스타트업이 추구하는 기업가정신의 본질이란 바로 이것이다. 모험, 실패, 엄청난 위험을 감수하는 능력 그리고 새로운 투지. 물론 지금 대기업으로 성장한 기업들도 초창기에는 이런 뜨거운 마음이 있었을 것이다. 광활한 사업의 기회 앞에서 그 시장을 정복하기 위해 엄청난 노력을 기울였을 것이며, 나름대로 악전고투의 시기를 겪었을 것이다. 그러나 세월이 흐르고, 돈이 넘치고, 기업이 안정적인 지점에 이르자 현실에 안주하게 된 것이다.

그런 차원에서 보면 스타트업의 일하는 방식은 그저 새로운 스타일의 업무 방식만을 의미하지 않는다. 이 시대에 기업을 경영하는 사람들이 가져야 할 '진정한 기업가정신'이란 무엇인가. 우리에게 당장 필요한 '생존 도구'란 무엇인가. 우리가 품어야 할 뜨거운 마음의 본질은 무엇인가. 바로 이런 질문에 대한 해답이자 훌륭한 자극제이다.

'용'나는 '개천'을 만드는 기업가정신

패배주의적인 수저계급론을 넘어서기 위해

'평등한 기회와 공정한 과정.' 이 2가지야말로 지금의 젊은 세대들이 가장 원하는 사회적인 가치가 아닐까 싶다. 이는 그들이 태어날 때부터 다른 세대보다 특히 더 정의로워서도 아니고, 유독 도덕적이어서도 아니다. 단지 벼랑 끝으로 내몰린 생존 위기의 시대에 살아남기 위해 반드시 거머쥐어야 하는 가치이기 때문이다. 기성세대가 모든 권력을 쥐고 있고, 약자들에게마저 역차별을 당하고 있으며, 이제 더 이상 자신들에게는 기회마저 주어지지 않는다면, 평등과 공정에 더 민감할 수밖에 없다. '수저계급론'은 이러한 불공정한 사회의 정점에 선 담론이다. 기성세대들이 이러한 사회를 바꾸기 위해 노력해야 하겠지만, 스타트업의 역할도 분명 존재한다. 창업의 성공 여부는 부모의 부(富)나 인맥으로 결정되어선 안 되며, 이제 그것이 더 이상 통하지도 않는다. 또 학력이나 지식이 전부인 것도 아니다. 그 어떤 곳보다 모두에게 공평한 기회가 주어지는 곳이 창업의 세계다. 패배주의에 젖어 있는 청년들을 다시 일으키는 힘, 스타트업의 기업가정신에 바로 그 힘이 있다.

개천에서 용 나는 시대는 갔다? 용 나는 개천을 만들면 된다!

'개천에서 살더라도 언젠가는 용이 되어 하늘로 비상할 것이다.' 수많은 사람이 이런 꿈을 꿨다. 마음속에 희망을 품었다. 그리고 분명 이 말이 통하는 시대가 있었다. 하지만 지금은 이런 꿈을 꾸는 사람은 거의 없다. 거짓말이라고, 그런 것은 존재하지 않는다고, 애초에 불가능한 일이라고 생각하는 사람이 더 많다. 한마디로 타고날 때부터 용이 결정된다고 믿는 것이다. 지금의 청년들이 갖는 불만은 바로 여기에서 시작된다. 물론 이 개천이라는 것 자체가 청년 스스로 만들거나 선택한 환경이 아니기 때문에 더욱 분노가 치미는 것도 당연한 일이다. 그런데 우리 청년들도 알아야 할 것이 있다. 그렇다고 해서 정부나 사회만 탓하기에는 우리 인생이 너무 길고 값지다는 것이다.

청년 실업의 문제는 비단 한국만의 문제는 아니다. 국제노동기구[ILO]는 지난 2017년 전 세계 청년 실업에 대한 보고서를 발간하면서 이렇게 발표했다. "전 세계 청년 실업자가 여전히 7,000만 명을 웃돌고 있다. 상황이 점점 심각해진다. 그나마 청년들을 위한 일자리가 있어도 대부분 저임금 비정규직이다. 수많은 젊은이가 일을 해도 빈곤에 시달린다." '저임금', '비정규직', '빈곤'이라는 단어만 빼서 보면 마치 우리나라의 상황을 콕 집어서 이야기하는 것 같은 착각이 들 정도다. 전 세계 청년들도 대한민국 청년들만큼이나 힘들고 불합리한 상황에 처해 있다는 소리다. 더구나 국제노동기구는 이러한 현상이 '고착화'되고 있다고 평가한다. 세계 경제가 회복되면 청년 실업 문제도 나아져야 하는데, 그렇지 못하다는 것은 이제 이것이 고질적인 문제가 되기 시작했다는 의미다.

물론 그렇다고 개선하려는 노력을 포기하라는 것이 아니

다. 구조적인 문제가 다른 문제에 비해 해결하기 더 어려운 문제이기는 하나, 그렇다 하더라도 청년들의 삶은 계속되어야 하므로, 개선하려는 노력 역시 게을리해서는 안 된다. 그래서 지금 필요한 것이 바로 '개천을 옮기거나 새로운 개천을 만들어내는 일'이다. 지금의 개천이 구조적으로 청년들을 용으로 만들어줄 수 없는 곳이라면, 다른 개천으로 옮겨가거나 새로 만들면 된다. 거기서부터 다시 꿈꾸면 되고, 그 새로운 개천 중 하나가 바로 스타트업 세계다.

이곳에는 '평등한 기회와 공정한 과정'이 존재한다. 대한민국 국민이라면 누구나 사업을 할 수 있다. 창업자금을 비롯해 다양한 지원을 받을 때 학력은 아무런 상관도 없다. 창업자의 의지와 아이디어의 사업성만 본다. 그 이외의 조건은 아무런 소용도 없다. 소비자들도 창업자들을 공평하게 대해주기는 마찬가지다. 자신에게 얼마나 편하고 도움이 되는 서비스인지가 중요하지, 창업자의 학력이나 그들 부모의 직업 따위를 알고 싶어 하는 사람은 단 한 명도 존재하지 않는다. 수많은 차별과 배제를 경험했던 청년이라면, 이 스타트업의 세계에서 무한한 평등과 자유를 마음껏 누릴 수 있다.

OECD가 유럽연합집행위원회와 함께 발간한 창업 관련 보고서에 따르면 청년 창업은 사회적으로도 도움이 되지만,

청년들 개인의 삶에도 도움이 된다. 창업 지원을 받으며 스타트업을 시작한 청년들은 스스로 자신감과 역량 개발의 필요성을 절감한다. 자신의 노력 여하에 따라 이를 충족시키면 행복감의 수준을 증가시킬 수 있다. 더불어 청년층의 경제적인 취약성을 자체적으로 해소하기 때문에 사회 통합에도 기여한다고 말한다. 물론 그 전에 청년 창업 지원에 대한 인프라가 잘 갖추어져야겠지만 말이다. 어찌되었든 중요한 것은 청년 창업의 본질이라는 게 청년들의 삶을 스스로 고양시킬 기회를 준다는 점이다.

"돈이 없어서 스타트업을 못한다"는 건 옛말

중소벤처기업진흥공단 서울청년창업사관학교 센터장을 지낼 때 만난 한 여성 창업자가 꽤나 인상적이었다. 필리핀에서 떡볶이 사업을 해 큰 성공을 거둔 안태양 푸드컬처랩 대표가 그 주인공이다. 그녀의 형편과 환경만 보자면 사실 그녀는 속된 말로 '흙수저 중의 흙수저'다. 어렵게 대학에 진학했지만, 아르바이트를 하지 않고선 생활하기 힘들 정도로 가난했다. 아무리 발버둥을 쳐도 상황이 나아지지 않는다는 것을 깨달은 그녀는 흡사 자신의 인생이 '개미지옥' 같다고 했다. 탈출구로 유학도 생각했지만, 당시 형편으로는 미국이나 캐나다는 꿈도 못 꾸는 상황이었다. 그래서 대안으로 선택한 것이 필리핀이었다. 하지만 그나마 가져갈 수 있는 돈도 아르바이트를 해서 모은 300만 원이 전부였다.

필리핀에서도 돈을 아껴야 했으니 그녀는 휴대폰도 마음껏 쓰지 못했다. 현지인들이나 살 법한 좁은 방 한 칸에서 선풍기에 의존해 더위를 견뎠다. 열악함은 이루 말할 수 없었다. 제때 밥 한 끼도 먹지 못해 결국 쓰러지고 나서 하루가 지난 다음에야 깨어났다. 그녀는 당시 '정말 이러다 죽을 수도 있겠구나.'라는 생각에 두려움이 밀려왔다고 한다. 그렇게 죽을 수 없어 시작하게 된 것이 필리핀 야시장에서 떡볶이를 파는 일이었다.

하지만 그마저도 쉬운 일이 아니었다. 팔려고 만든 떡볶이만 100인분이었는데, 첫날 팔린 것은 고작 2인분이었다. 누구나 그녀와 같은 상황이었다면 죽고 싶다는 심정이 어떤 마음인지 이해할 것이다. 하지만 그녀는 실망하지 않았다. 그럴수록 더 레시피를 발전시켰고, 입소문을 내기 위해 계속해서 노력했다.

그렇게 수개월이 지나자 마침내 그녀는 가방에 쓸어 담기 힘들 정도로 돈을 벌기 시작했다. 일 매출 300만 원. 필리핀에서 하루에 300만 원을 번다는 것은 한국에서 300만 원을 버는 것과 차원이 달랐다. 필리핀에서 대학을 졸업하고 받는 월급이 대략 30만 원이니 어느 정도로 높은 값어치인지는 충분히 추산할 수 있을 것이다.

결국 중국계 회사인 GNP트레이딩에서 그녀의 사업을 인수했고, 그 회사의 신사업본부장을 지냈다. 희망이라고는 찾아볼 수 없었던 그녀를 다시 일으켜 세운 것은 바로 창업이었다. 그녀에게 '흙수저', '금수저' 같은 말은 의미가 없다. 이미 타고난 환경을 어떻게 멋지게 바꿀 수 있는지 그 방법을 알기 때문이다.

물론 이런 성공담을 부정적으로 보는 사람들도 있다. 이런 성공은 정말 극소수에게나 일어나는 일이며, 모두가 그렇게 될 수 없다는 것이 그들의 주장이다. 물론 그렇다. 하지만 나는 지금 IT사업을 꿈꾸는 사람에게 "스티브 잡스처럼 되어라."라고 말하는 것이 아니다. 얼마든지 당신이 좋아하는 일을 사업 아이템으로 삼을 수 있고, 한 번쯤 만들어봤을 '떡볶이'로 사업을 시작했듯, 누구나 마음만 먹으면 쉽게 시작할 수 있다는 이야기를 하고 있는 것이다. 또 그것을 반드시 국내에서만 할 필요도 없다. 한 번쯤 놀러갔을 만한 '필리핀'에서 시작할 수도 있는 것이다. 이 이야기는 그런 관점에서 봐주면 좋겠다. 사업의 내용과 프로세스, 문화가 차이가 결코 엄청난 사업 영역인 것은 아니다. 창업이라고 반드시 첨단 IT기술이나 AI기술이 필요한 것도 아니다. 물론 이런 기술들을 접목한 사업들이 스타트업계에 주를 이루고 있긴 하지만, 안태양 대표처럼 시작할 수도 있는 일이다. 필리핀에서 떡볶이를 팔아 용이 될 수 있다는 이야기는 꽤나 멋진 일이 아닌가.

창업은 청년들이 돈을 버는 방법 중 가장 비용이 저렴하다. 주식이나 부동산으로 돈을 벌어야 한다고 생각해봐라. 종잣돈이 없으면 접근조차 하기가 쉽지 않다. 창업 아이템이나 창업을 하는 방식은 당신이 상상하는 것 이상으로 무궁무진하다. 명함 하나만 파는 일로 사업을 시작할 수도 있고, 친구끼리 100만 원씩 모아서 사업을 시작할 수도 있다. 더구나 요즘은 창업지원자금도 쏟아진다. "돈이 없어서 스타트업을 못한다."라는 말은 어불성설이다. 돈보다 중요한 것은 '창업을 할 것인가, 말 것인가'를 결정할 본인의 의지다. 난관을 돌파하는 기업가정신을 갖추는 일이다. 열심히 아이디어를 발전시키는 일이다.

사실 따지고 보면 과거에도 금수저들은 분명 있었다. 양반이 있었고, 지주가 있었으며, 왕실의 자녀도 있었다. 이런 계급을 타고나지 못한 대다수의 민초들은 그들의 하인이 되든 다른 방법으로 살길을 찾든 어찌되었든 살아내야 했다. 한반도 5,000년 역사 내내 유교적 질서는 새롭고 진취적인 세대의 발흥을 막아왔다. 하지만 그런 암울한 시대에도 그 체계를 깨려는 노력과 움직임이 곳곳에서 일어났다. 1198년, 고려 무신 집권기 초반, 최충헌의 노비였던 만적은 동료 노비 6명과 함께 나무를 하러 가는 척하며 개경 북산에 올라 봉기를 모의했다. 그때 만적이 했던 탁월한 명연설의 한 대목이 바로 그 유명한 "왕후장상의 씨가 따로 있더냐!"이다. 동료 노비들의 열렬한 환호를 받았던 이 연설은 자신의 삶을 주체적으로 개척하겠다는 혁명적 의식의 발로였다.

'평등한 기회와 공정한 과정.' 어쩌면 이것은 기성세대들이 청년들에게 선물처럼 주어야 할 것이 아니라, 청년들이 스스로 만들어가야 할 자기 삶의 지표일 수도 있다. 그리고 청년들 중 일부는 실제 스타트업 세계로 들어와 그런 과정을 발견하고, 만들어가고 있다. 만약 이러한 문화가 계속해서 확산될 수 있다면, 비관적이고 암울한 지금의 청년 문화도 좀 더 긍정적으로 변하지 않을까.

일자리 창출? 내가 만들면 되지

한계에 직면한 일자리 구조

청년들의 일자리 창출 문제는 정부의 커다란 골칫덩어리다. 최근 수년 사이 이 문제는 더욱 중요해졌다. 문재인 정부 역시 일자리 창출에 사활을 걸고 있으며, 심지어 대통령은 집무실에 일자리 현황판을 달겠다고 했다. 대통령이 이 문제를 업무의 최우선 순위로 삼겠다는 의미이기도 하다. 대기업들 역시 사회적 책임을 다하기 위해 일자리 창출을 늘리는 데 더욱 노력하겠다고 입을 모아 말한다. 그런데 각계 각층에서 이렇게 다양한 노력을 하는 데도 불구하고 왜 일자리 창출 문제는 제자리걸음일까. 왜 여전히 속 시원하게 해결되는 것 같지 않을까. 여기서 한 가지 의문이 든다. 혹시 뭔가 근본적인 문제가 있는 것은 아닐까하는. 만약 그렇다면 아무리 일자리 창출을 논한다고 하더라도 그것은 의미 없는 구호에 불과하다.

지금처럼 하면 일자리는 절대 늘지 않는다

우리가 생각했을 때, 새로운 일자리가 만들어지는 원리는 매우 간단하다. 수익을 내는 기업이 사업을 지속적으로 확장하는 것이다. 예를 들어 한 도시에 제조업 회사 한 곳이 있다. 이 회사에 필요한 직원은 50명이다. 그러면 일자리 50개가 만들어지는 셈이다. 그 이상은 만들어지지 않는다. 그런데 만약 이 회사의 사업이 성공해 제2공장을 지었다고 해보자. 이렇게 되면 다시 50명을 수용할 일자리가 만들어진다. 이렇게 사업을 확장하는 방식 말고 다른 방법은 없을까?

있다. 그것은 새로운 기업의 출현이다. 앞서 이야기한 공장 옆에 콜센터가 생긴다고 하자. 이 콜센터에 필요한 직원은 30명이다. 그럼 다시 30개의 일자리가 만들어진다. 지금까지 이런 식으로 기업이나 사업이 확장하거나, 신규 기업이 출현했을 때 일자리가 창출되었다.

최근까지도 우리 사회는 일자리 창출에 대한 해답을 기업의 확장에서 찾았다. 대기업이 끊임없이 사세를 넓히는 과정에 일자리가 만들어졌기 때문에, 같은 방식으로 일자리가 창출되기를 기대했다. 그런데 이 과정에서 한 차례의 큰 충격파가 있었다. 바로 대기업 제조 공장들이 해외로 이전한 것이다. 중국을 시작으로 베트남, 그 외 동남아시아 국가들로 공장들이 옮겨갔다. 국내 수십만 개의 일자리가 일거에 날아가 버린 셈이다.

이렇게 사라진 일자리는 다시 돌아오지 못하고 있다. 거기다가 계속되는 내수 시장의 악화로 더 이상 대기업들이 사세를 확장하지 못하는 추세다. 더 큰 문제는 이런 상황에도 매년 새로운 세대가 고용 시장으로 쏟아져 나온다는 것이다. 어떻게 보면 지금의 일자리가 유지되고 있는 것만 해도 다행이라고 볼 수 있다.

더 이상 대기업을 통해 일자리가 창출될 수 없다는 것은 정부의 보고서를 통해서도 확인할 수 있다. 지난 2018년 기획 재정부가 발간한 '재정동향과 정책방향'이라는 보고서를 보면 '수출을 통한 고용 유발 효과가 상대적으로 낮고, 대기업의 고용 비중이 OECD 가입 국가 평균의 절반에도 미치지 못한다.'라는 대목이 있다. 반도체 수출이 우리 경제의 성장 전반을 이끌고는 있지만 상대적으로 내수가 악화되면서 고용여건 자체로 녹록지 않게 됐다는 분석이다.

매년 100만 개씩 사라지는 일자리, 대안은?

대기업을 통한 일자리 창출이 어려워지고 있는 가운데, 그 대안으로 중소기업과 스타트업이 열심히 일자리를 만들어 나가고 있다. 2017년 기준으로, 연평균 3% 이상 성장하면서 76만 개의 일자리를 만들었다. '76만 개'라고 하면 감이 잘 오지 않을 것이다. 쉽게 말해 우리나라 5대 그룹인 삼성, SK, 현대차, LG, 롯데에 근무하는 모든 직원의 수를 합친 것이라 생각하면 된다. 이렇게 보면 중소기업과 스타트업의 일자리 창출 능력은 놀랍도록 성장하고 있는 셈이다.

그중에서도 특히 스타트업이 중소기업보다 고용률이 높다. 2018년을 기준으로, 벤처 및 스타트업이 고용한 인원은 4만 2,000명에 달한다. 고용증가율만 따지면 무려 20%다. 반면 중소기업의 고용증가율은 1.6%에 불과했다. 미국도 상황은 마찬가지다. 과거 30년 동안 미국에서 매년 사라진 일자리가 100만 개다. 하지만 그 틈새를 파고들어간 스타트업이 다시 매년 300만 개의 일자리를 창출해왔다. 이 정도면 '압도적인 고용률'이라고 해도 과언이 아니다.

이러한 현상은 우리나라에 스타트업의 수가 증가했을 때 어떤 일이 생길 수 있는지를 실감케 한다. 전 세계에 있는 우버의 드라이버는 300만 명이며 에어비앤비가 확보하고 있는 호스트는 290만 명이다. 물론 여기에서 생겨난 일자리가 모두 '정규직'이라고 보기는 힘들다. 하지만 여기서 눈여겨봐야 할 것은 하나의 작은 스타트업이 유니콘 기업으로 성장했을 때 사회에 미치는 파괴적인 영향력이다. 지난 2018년 벤처 투자자로 변신한 존 체임버스 전 시스코 회장은 자신의 SNS에 이런 글을 남겼다.

"나는 대기업들이 앞으로 10년 동안 고용을 늘릴 수 있다고 생각하지 않는다. 앞으로 고용 창출은 스타트업이 할 것이다. 앞으로 국가의 모든 문제는 스타트업이 일하는 방식으로 해결할 필요가 있다."

스타트업이 현재와 미래 일자리의 대안이라는 긍정적 신호가 나오는 가운데, 한 가지 걸리는 문제가 있다. 스타트업에 대한 인식이 조금씩 나아지고는 있지만, 여전히 불특정 다수에 해당하는 일반 사람들에게는 낯설고 기피하고 싶은 기업이라는 것이다. 현재 국내의 경우 중급 개발자의 연봉은 1억 원 수준이다. 대기업에서도 이 정도 연봉을 받으려면 20년을 근무해야 한단다. 하지만 스타트업 경영자들은 개발자를 구하지 못해 아우성치고 있다. 현재 중급 및 고급 개발자의 미충원율은 16% 수준이며 2022년에는 무려 77%까지 악화될 것으로 보인다.

이러한 현상은 작은 회사에 취업하는 것을 꺼리는 문화에서 기인한다. 연봉이 1억 원인데도 충원이 안 된다는 것은 어떻게 보면 그만큼 스타트업에 대한 기피 현상이 심하다는 것을 매우 단적으로 보여주는 사례다.

또 다른 문제는 국내에서 스타트업에 가하고 있는 각종 규제다. 이것 때문에 국내에서 사업을 하지 못하고 '규제 이민'을 떠나는 스타트업도 생겨나고 있는 실정이다. 심지어 어떤 전문가는 이러한 현상이 더 가속화되면 '스타트업 생태계가 붕괴할 것이다.'라고 경고했다.

한 번은 정부 관계자와 미팅을 하는 데 이런 질문을 받은 적이 있다. "한국에서 스타트업 창업이 붐을 이루려면 뭐가 필요합니까?" 나는 이렇게 답했다. "대대적인 지상파 TV 및 미디어 캠페인이 필요합니다." 그만큼 스타트업에 대한 관심이 낮다는 의미로 한 말이다. 관심이 낮으니, 부정적인 인식 또한 쉽게 지울 수가 없다. 지금도 여전히 대기업, 전문직, 공무원만을 선호하는 국민들이 절대 다수인 한, 리스크가 높은 스타트업이 설 자리는 없다. 따라서 스타트업의 긍정적인 면을 더 많은 사람들에게 알려주고, 그들에게 창업을 권장하고, 스타트업에서 일하는 것을 그 사람 스스로 자랑스럽게 여기도록 만들어야 한다.

인식이 낮은 탓인지 한국 스타트업의 성장세는 전 세계 다른 국가의 스타트업과 비교했을 때 미미한 수준이다. 수백 개가 되는 유니콘 기업 중 한국의 기업은 다섯 손가락 안에 꼽힐 정도로 적다. 또 창업에 뛰어드는 젊은이들도 상대적으로 적다.

하지만 말했듯이 스타트업은 한국 경제의 발화점이 되기에 충분하다. 어느 순간, 맹렬하게 엔진이 가동되기 시작하면 한국 경제 전체를 이끌어갈 만한 힘이 있다. 어떻게 보면 소중히 지켜야 할 보물 같은 존재다. 그러나 보석을 알아보지 못하는 사람에게 보석은 그냥 돌덩이일 뿐이다. 그래서 보석이 될 만한 원석을 캐내는 작업도 중요하지만, 그 원석을 누구라도 가지고 싶은 값비싼 보석으로 보이게끔 아름답게 가공하는 작업도 필요하다.

그래야 스타트업이 더 많이 생겨나고, 그로 인해 더 많은 일자리가 창출되고, 규제 이민을 떠나는 스타트업을 다시 돌려세울 수 있다. 그래야 대기업에 들어가야 한다고 주장하는 부모들의 마음을 돌려, 그들이 먼저 자신의 자녀에게 스타트업을 시작하라고 장려하는 세상을 만들 수 있다.

Chapter 3

질주하는 글로벌 야생 공화국

프랑스에서는 대학생 2명 중 1명이 창업을 한다. 인도는 전 세계에서 4번째로 많은 17개의 유니콘 기업을 배출했다. 핀란드는 노키아 몰락 이후 대기업과 정부가 발 벗고 나서 '스타트업 파라다이스' 생태계를 재건했다. '법인세율 0%' '외국인도 영주권 취득' 파격적인 정책으로 스타트업을 유입하고 있는 에스토니아는 급부상하고 있는 스타트업 성지다. 이렇듯 전 세계 곳곳에서는 변종의 늑대들을 키우고 그들이 마음껏 뛸 수 있는 터전을 만들기 위해 총력을 기울이고 있다. 그 생생한 현장을 좀 더 자세히 들여다보자.

프랑스는 왜 예술을 버리고 스타트업을 선택했나

유럽의 관문, 유럽인들이 선호하는 창업지역

'프랑스' 하면 무엇이 가장 먼저 떠오르는가? 아마도 '예술'일 것이다. '레옹'이나 '네 멋대로 해라' 같은 명작 영화나 《어린왕자》나 《레 미제라블》처럼 세계적으로 사랑받는 문학작품들. 그 외에도 사진 패션 등 프랑스 특유의 예술적 감각과 낭만적 감성에 빠져보지 않은 사람이 있을까.

하지만 이런 예술의 나라 프랑스에도 새로운 바람이 불고 있다. 정부가 먼저 나서서 '라 프렌치 테크La French Tech'를 국정 슬로건으로 삼을 정도로 창업 생태계 조성에 열을 올리고 있는 것. 프랑스는 왜 예술이 아닌 창업의 나라로 전환을 도모하려는 것일까? 변종의 늑대들을 위한 생태계를 어떻게 조성하고 있을까? 프랑스는 흔히 '유럽의 관문'이라고 불린다. 이곳 스타트업 생태계의 태동을 알아보는 것은 유럽 스타트업 업계의 향배를 알 수 있는 바로미터가 되어준다.

유럽 창업자들이 가장 사랑하는 나라

현재 프랑스에서는 '대학생 2명 중 1명'이 창업자가 된다. 이는 스타트업 열풍을 보여주는 단적인 말이다. 그만큼 프랑스 젊은이들에게 창업은 매우 자연스러운 일이며, 자신의 인생을 개척하는 데 가장 많이 선택하는 방법이기도 하다. 그렇다면 이런 강한 열망의 기반은 과연 무엇일까.

프랑스는 유럽 내에서도 두 번째로 큰 시장 규모를 자랑한다. 유럽을 공략하는 스타트업이라면, 프랑스는 아주 매력적인 지역인 셈이다. 덕분에 실제 프랑스 내 스타트업 숫자가 빠르게 늘어나고 있다. 프랑스 통계청에 따르면, 2018년 프랑스 창업 기업 숫자는 69만 1,000개로 그 전해인 2017년보다 17%나 늘어났다. '마이크로 기업', 즉 종업원 10명 이하, 연매출 200만 유로(한화 약 27억 원) 이하의 기업 역시 30만

8,300개이며, 한 해 전보다는 28% 이상 늘어난 수치다. 유럽인들이 창업 지역 중 하나로 프랑스 파리를 선호하고 있다는 사실은 여러 자료를 통해 확인할 수 있다. 그중 코트라가 2018년 발간한 '유럽 스타트업생태계 현황과 협력방안' 중 〈유러피언 스타트업 이니셔티브Europian Startup Innitiative 2017〉이란 자료를 보면, 런던과 베를린, 바르셀로나에 이어 파리가 유럽 창업자들이 가장 선호하는 도시 4위에 올랐다. 여기서 주목해야 할 점은 전년도 대비 순위 변화가 매우 급격하다는 점이다. 2016년에 비해 무려 9단계나 상승했다.

프랑스는 프로그램 개발자의 수 또한 압도적이다. 파리에 있는 개발자들의 수는 총 18만 1,659명으로 영국 런던의 30만 3,594명에 이어 2위를 차지했다. 민간 차원에서 하는 투자도 매우 활발하다. 유럽 내 벤처 캐피털이 가장 많이 투자하는 나라도 프랑스이다.

이런 활발한 활동 덕분에 프랑스는 창업 분야에서 이미 괄목할 만한 성과를 내고 있다. 유럽의 유니콘 기업 57개 중 4개 회사가 바로 프랑스 회사다. 카셰어링 업체인 '블라블라카', 온라인 광고 업체인 '크리테오', 재고처리 온라인 쇼핑몰인 '방트프리베', 클라우드 서비스 회사인 OVH가 바로 그 회사들이다. 전문가들은 이런 추세라면 향후 5년 내에 유럽으로 진출하는 스타트업이 미국 실리콘밸리를 뛰어넘을 것으로 전망하고 있다. 세계 스타트업의 중심이 미국에서 프랑스로 이동할 수도 있다는 말이다.

'디지털 공화국법'은 시작일 뿐

프랑스가 창업 시장에서 이렇듯 빠르게 치고 나갈 수 있는 이유 중 하나는 정부가 주도적으로 이 시장을 견인하고 있기 때문이다. 에마뉘엘 마크롱 프랑스 대통령은 지난 2017년 "프랑스를 유니콘의 나라로 키우겠다."라고 선포했다. 그러고 나서 창업과 관련된 다양한 지원책을 쏟아내는 중이다. 단적인 예로 총 110억 달러(한화로 따지면 12조 2,000억 원)의 예산을 투입, '라 프렌치 티켓La French Ticket'이라는 외국인 스타트업 유치 활동을 벌이고 있다. 이 티켓을 거머쥐면 무려 4년간 프랑스에 거주하며 글로벌 스타트업으로 성장할 수 있는 발판을 마련하게 된다.

스타트업을 모여들게 하고 그들을 지원하는 일종의 보육 시설과 같은 창업 클러스터들이 훌륭한 베이스캠프 역할을 하고 있다. 대표적인 클러스터로는 파리-사클레이Cluster Paris-

Saclay, 캡디지털Capdigital, 스테이션 F Station F가 있다. 이곳은 모두 혁신적인 젊은 기업인들을 위한 경제 환경을 조성하는 데 만전을 기하고 있다. 선진적인 과학기술을 도입, 상업적 가치를 증진시키고 있음은 물론, 150명 이상의 분야별 전문가들이 포진해 있다. 또한 R&D 지원은 물론 비즈니스 코치 및 액셀러레이션, 디지털 전환 및 오픈 이노베이션, 전략 연구 및 서베이 등을 수행하고 있다.

특히 스테이션 F는 프랑스 스타트업 업계에서 좀 더 특별한 위상을 가지고 있다. 일단 그 규모만 보더라도 축구장 5개를 합친 면적인 1만 평이 넘는다. 그 안에는 3,000개의 작업실, 60개의 회의실, 8개의 이벤트 공간이 있고, 실험실, 팝업스토어 등 부대시설이 잘 갖춰져 있다. 현재 20개의 액셀러레이터와 1,000개의 스타트업이 입주해 오늘도 새롭고 혁신적인 가치 창출을 위해 노력하고 있다. 이 공간이 개관될 당시 마크롱 프랑스 대통령이 참석할 정도로 큰 주목을 받기도 했다.

프랑스가 정부 주도의 스타트업 대국이 되기까지 사실 몇 가지 중요한 계기가 있었다. 그중 하나가 바로 2017년부터 발효된 '디지털 공화국법'이다. 프랑스 경제 장관과 대통령을 중심으로 2년간 논의한 끝에, 프랑스 정부는 데이터를 개방하기로 한 법안을 만들었다. 이 법안의 핵심은 특정 소비자가 속도 차별을 느끼지 않도록 망 중립성을 유지할 것, 통신료를 내지 않아도 즉시 네트워크를 해제할 수 없는 접속 유지 조항, 모든 공공 데이터를 공개하라는 내용 등이다. 한마디로 누구에게나 온라인에 접속할 권리가 있고, 누구나 데이터를 경제적 목적으로 사용할 수 있다는 것이다. 인터넷 접속에 자유로운 이러한 제반 환경은 한결 쉽게 창업할 수 있는 환경을 구축했다.

프랑스 스타트업을 발전시키는 데 정부의 역할만큼 중요하게 기여한 것을 또 하나 꼽자면 바로 민간 기업의 선도적이고 결정적인 투자다. 일례로 앞서 설명한 스테이션 F가 탄생하는 데 '프랑스 스타트업계의 대부'라고 불리는 자비에 니엘Xavier Niel의 역할이 매우 컸다.

프랑스 정보통신 업체 '프리Free'의 CEO인 그는 2013년에 강사, 교과서, 학비가 없는 파격적인 IT 기술학교 '에꼴 42Ecole 42'를 세웠다. 뿐만 아니라 그는 이미 2010년에 벤처투자사인 '키마 벤처스Kima Ventures'를 설립하여 프랑스 스타트업에 아낌없는 지원을 해오고 있었다. 이 투자사는 매년 전 세계 50개국에서 100개의 스타트업을 선정하여 과감하게 투자하면서 생태계를 지원하기로 유명하다.

자비에 니엘은 프랑스 10대 부호 중 한 명으로, 그가 보유한 자산은 약 10조 원이 넘는 것으로 추정되고 있다. 그런 그가 프랑스 창업 생태계를 조성하고자 들인 사비만 무려 4,500억 원이 넘는다. 그 내역을 보면 스테이션 F에 3,250억, 에콜42에 648억, 에콜42의 실리콘밸리 분교에 621억을 투자했다.

24살에 백만장자가 되었다는 화려한 타이틀을 얻기까지 그 역시 여러 우여곡절을 겪었을 것이다. 고등학생이었던 1984년에 첫 창업을 시도해 학업을 중단하고, 본격적으로 스타트업을 시작하여 지금에 이르기까지, 왜 고생이 없었겠나. 하지만 더 멋진 것은 그런 실패를 딛고 성공한 다음의 행보다. 그는 자신이나 자신 회사만의 영예를 누리는 것에 그치지 않고 많은 돈을 투자해 여러 스타트업을 후원했다. 그 이유가 무엇일까.

성공한 기업가의 사회 환원? 물론 그런 이유도 있었겠지만, 더 중요한 이유는 '불평등에 대한 문제의식' 때문이라고 보는 것이 옳다. 그가 프랑스의 한 벤처 전문 뉴스와 인터뷰한 내용을 보면, "최고 대학이 점점 특권층 집안 출신 학생들로 채워지고 있습니다. 그리고 이곳을 졸업한 학생들이 주요 직업을 독차지하고 있고요. 이것은 큰 문제입니다."라고 지적한 부분이 나온다. 어쩌면 이러한 문제의식을 바탕으로 더 나은 생태계를 조성하는 데 힘쓴 니엘 덕분에 프랑스 스타트업 생태계가 더 빨리 궤도에 오른 것이라고 해도 과언이 아니다.

자비에 니엘이란 존재는 프랑스 스타트업을 이야기할 때 빼놓을 수 없을 만큼 중요하다. 그가 주목받는 까닭은 단순히 스타트업 생태계에 많은 돈을 투자해서가 아니다. 스타트업의 최전선에 섰던 기업가 한 사람이 스타트업 생태계를 활성화시키기 위해 노력하고 있어서다.

개인이 스타트업 한 곳에 투자하는 것과 스타트업 생태계 전반에 투자하는 것은 전혀 다른 문제다. 개별 스타트업에 투자하는 것은 수익을 얻기 위한 목적이 크지만, 생태계에 투자하는 것은 그렇지 않기 때문이다. 더 정확히 말하면 생태계에 투자하는 것은 그다지 돈이 되지 않는다. 그래서 자비에 니엘의 투자가 더욱 빛나는 것이기도 하다.

프랑스 스타트업 생태계가 활성화되는 과정은 사실 매우 의미심장하다. 특히 우리와 상황이 비슷했기 때문에 생각해 봐야 하거나 도입해볼 만한 여지를 주는 것들이 많다. 한때 프랑스는 우리나라처럼 젊은이들이 공무원에 대한 선호도가 매우 높았다. 누릴 수 있는 혜택만 25가지나 됐기 때문이다. 일단 자전거, 옷, 신발 등을 구입하는 데 보조금을 받을 수 있다. 또 잦은 유급 휴가 덕분에 근로시간이 일주일에 35시간도 되지 않는다. 정년은 60세, 월급은 320만 원 정도다. 그러다 보니 국회 경비실 지원자 중에 박사학위 소지자까지 있을 정도였다. 하지만 정부가 공공부문을 축소하고 창업부문에 대대적인 지원을 하게 되면서, 공무원 취업에 대한 인기가 뚝 떨어졌다.

우리나라에서 지하철을 타보면 가장 흔히 볼 수 있는 광고 중 하나가 에듀윌의 공무원 시험 광고이다. 에듀윌은 주 4일제 근무, 최상의 직원복지와 더불어 대통령표창 3회 등 국내에서 모범적인 중견기업이라 불린다. 이 기업을 견인하고 있는 에듀윌의 창업자 양형남 사회공헌위원회 회장은 "공무원을 선호하는 사람이 많다는 것은 우리 회사에는 좋겠지만, 국가미래를 본다면 청년들이 인생을 살면서 한 번쯤 도전하고 성취해보는 경험도 필요하다."라고 말한다. 공시생이 44만 명에 육박하는 우리나라가 만약 프랑스처럼 변한다면 어떻게 될까? 프랑스의 변화는 우리에게 시사하는 바가 있어 보인다.

인도판 실리콘밸리 벵갈루루에서 일어나고 있는 일

스타트업 인디아, 스탠드 업 인디아

'인도'라고 하면 딱히 선진국 같지가 않다. 직접 여행을 가보거나 뉴스로 접한 인도는 그다지 세계의 중심 국가가 아니기 때문이다. 하지만 IT와 스타트업 업계에서 인도의 위상을 따질 때에는 이야기가 달라진다. 인구 규모가 세계 2위에 달하는 일명 인구대국 인도는 전 세계 IT 서비스 시장의 약 20%를 차지하고 있다. 또 유니콘 기업들도 우리나라보다 많다. 〈스타트업코리아 2019〉 보고서에 따르면, 전 세계에 분포한 유니콘 기업 수를 따졌을 때 미국이 177개, 중국이 94개, 영국이 19개이며, 인도가 17개에 이른다고 발표했다. 그 뒤를 이어 독일과 우리나라가 각 9개이며, 이스라엘이 3개다. 전 세계에서 4번째로 많은 유니콘 기업을 배출한 나라, 그야말로 스타트업 강국인 셈. 이런 눈부신 성장의 원동력은 과연 무엇일까.

주목할 만한 배경은 2가지인데, 하나는 정부의 정책 지원이고 다른 하나는 이를 뒷받침해줄 인프라다. 2019년 재선에 성공한 나렌드라 모디 총리는 '디지털 인디아'와 '스타트업 인디아' 정책을 내걸었다. 이를 토대로 인도의 스타트업을 더욱 부흥시키겠다는 계획이다. 그 부흥의 중심이 될 전진기지인 '벵갈루루'는 인도판 실리콘밸리로 주목받고 있다. 그밖에도 인도에는 스타트업이 성공할 수밖에 없는 훌륭한 인프라들이 존재한다. 그럼 지금부터 차근차근 하나씩 살펴보자.

IT 인재들이 밀집해 있는 나라

산업적 측면에서 보면 인도의 13억 인구는 엄청난 강점이다. 그러나 이렇게 노동인구가 풍부함에도 불구하고 왜 여러 산업 분야에서 앞서지 못했을까? 우선 전체 인구 중 절반이 농업에 종사한다. 하지만 그들 중 대부분이 아직도 절대 빈곤 속에서 고통 받고 있는 게 현실이다. 또 사회적 인프라가 제대로 갖춰지지 않아 제조업을 하기에도 열악한 상황이다. 1960년대 인도 경제에서 제조업이 차지하는 비중은 15%였는데, 50년이 지난 지금도 거의 비슷한 수준에 머물러 있다. 5,000만 인구를 둔 우리나라 제조업 비중이 28%라는 점과 비교한다면 발전이 상당히 더딘 편이다.

그런 인도가 스타트업을 부흥시킬 수 있었던 원동력을 꼽자면, 첫째로 영어로 소통할 수 있는 엄청나게 값싼 인력들이 많다는 것. 현재 인도의 IT 인재들이 전 세계로 뻗어나가는 중인데, 미국 실리콘밸리에서 일하는 인력의 30%, 미국 NASA 과학자의 36%가 인도인이다. 또한 MS, IBM 등에도 25~35% 정도가 인도의 인재들로 채워져 있다.

둘째는 미국 서부권과의 시차가 12시간 정도 난다는 지리적 이점이다. 이 시차가 무엇을 의미하느냐면, 미국에 있는 IT 기업과 인도에 있는 IT 기업이 서로 협력했을 때, 시간을 최대한 단축시키면서 시너지를 최고로 끌어올릴 수 있는 최강의 궁합이란 뜻이다. 이러한 우호적인 조건들은 인도 경제와 IT 산업 부문에 숨통을 트여주었다.

초기 인도 IT 산업은 사실 매우 간단한 '인력 파견업'에 불과했다. 코딩과 같은 표준화되고 간단한 작업을 하는 다국적 IT 기업이 인도 IT 산업의 시초인 셈. 이렇게 시작하여 세계 시장에 진출했지만, 사실상 이 시기에 자체적으로 기술을 축적하기는 힘들었다. 어렵고 복잡한 작업 과정에서 인도인들이 배제되었기 때문이다.

이런 상황이 바뀌기 시작한 것은 본격적인 아웃소싱이 이뤄지고 나서다. 다국적 기업들이 일정 프로젝트를 통째로 아웃소싱하면서 인도인들은 조금씩 자체 역량을 축적하게 됐다. 90년대에 이르자 스스로 개별 회사들을 접촉해 독자적인 프로젝트를 수행할 수준까지 올랐고, 2000년대에 이르러서는 인수합병을 통해 본격적으로 몸집을 불리기 시작했다. 이후 '인도의 MIT'라고 불리는 인도 공과대학에서 공부한 우수한 인력들이 대거 IT 산업에 뛰어들면서 인도 IT 산업은 본격적인 꽃을 피우게 됐다.

풍부한 인적 자원과 지리적 이점 외에도 또 하나의 강력한 동력 요소가 있다. 바로 정부의 적극적인 지원책. 모디 총리 체제는 현재 스타트업 육성에 사활을 걸고 있다. 그는 '스타트업이 인도를 일으켜 세운다Start up India, Stand up India'는 철학을 모토로 삼고 계속해서 자국의 스타트업 창업을 격려하고 있다. 또한 밖으로는 "인도의 스타트업에 투자하라."라고 강조하며 적극적인 세일즈 외교를 펼치고 있다. 그 결과 모디 총리는 1조 6,000억 원의 기금을 마련해 창업 육성책을 펼칠 수 있게 되었다. 덕분에 현재 인도에 있는 4만여 개 가까운 스타트업 중 무려 40%에 달하는 1만 5,000개의 스타트업이 모디 총리의 본격적인 창업 육성 정책 이후에 탄생했다.

스타트업 살리는 제1의 도시 '벵갈루루'

한국인들이 많이 찾는 인도 여행지 뭄바이나 델리는 인도 북부에 위치해 있다. 반면 벵갈루루는 이 지역들로부터 남쪽으로 2,000km나 떨어져 있다. 덕분이라고 해야 할지는 모르겠지만, 벵갈루루는 날씨부터 축복받은 지역이기는 하다. 해발 900m 고원에 위치하고 있어 연중 날씨가 20~30도를 웃돈다. 여름에 볕이 따갑기는 하지만, 그늘에 있으면 선선한 정도다. 현지인도 1년에 에어컨을 켜는 횟수가 2~3번밖에 되지 않는다. 그래서 벵갈루루는 '인도인이 살고 싶은 제1의 도시'로 불린다.

벵갈루루는 애초에 IT보다 항공 산업이 먼저 발전한 곳이다. '인도 항공우주 산업의 수도'라고 불릴 정도로 개발이나 생산 관련 업체들이 많이 입주해 있다. 그러다 보니 지역 경제가 매우 역동적이고, 연구 중심의 학구적인 분위기가 형성되어 있다. 스타트업들이 업무에 집중하기에는 최적의 장소가 아닐 수 없다. 또 인도 우주연구원ISRO, 인도과학원 등이 이곳에 위치하고 있어 IT 기업들이 자연스럽게 벵갈루루로 유입되었다. 더구나 도시 인프라가 잘 발달해 있어 인도에서 가장 빠르게 성장하는 도시 중 하나다. 이런 이점 덕분에 현재 약 2,000여 개의 IT 기업들이 입주해 있으며, 이곳 전체 인구 1,200만 명 중 무려 400만 명이 IT 업종에 종사할 정도다.

무엇보다 최근 들어 벵갈루루에는 델리와 뭄바이보다 더 많은 스타트업들이 몰리고 있다. 지난 2017년을 기준으로 델리에 1,175개, 뭄바이 · 푸네 지역에 1,100개의 스타트업이 자리를 잡았는데, 벵갈루루에는 1,300개의 스타트업이 존재한다. 투자금액 역시 벵갈루루가 제일 많다. 약 9억 2,000만 달러로 전년 대비 14%나 급증한 추세이다.

벵갈루루가 이렇게 압도적인 '인도의 실리콘밸리'로 자리매김하기까지 지리적 이점도 있었지만 무엇보다 인도 정부의 강력한 지원이 크게 한몫했다. 우선 인도 정부는 인도산업부DIPP 내에 스타트업 창업을 위한 전담 지원 부서를 마련하여 창업 절차부터 세무, 법무, 정부 지원사항에 대한 정보를 제공하는 멘토링 사업까지 진행하고 있다. 또 외국인 벤처투자자들이 적극적으로 투자할 수 있도록 한도를 100%로 늘리는 방향으로 법도 개정했다. 스타트업에 대해서는 3년간 양도세 면제는 물론, 특허출원비용 80% 인하, 행정절차 간소화 등을 적극 지원하고 있다. 그뿐만 아니라 2017년부터 인도소기업개발은행을 통해서 9,200만 달러를 투자하고 있다. 주요 수혜 분야는 전자상거래, 통신서비스 어플리케이션, 핀테크, 헬스테크, 인공지능 및 빅데이터, 운송, 부동산 등이다.

인도 정부는 자국의 스타트업 육성뿐만 아니라 해외 투자도 적극적으로 임하고 있다. 소프트뱅크로부터 15억 달러를 유치해 핀테크 업체인 '페이티엠'에 투자했으며, 텐센트, 마이크로소프트 이베이, 나스퍼 등으로부터 14억 달러를 유치하여 전자상거래 업체인 '플립카드'에 투자했다. 또 우리가 여기에서 긍정적으로 볼 부분은 한국 스타트업도 관심을 가지고 지원하고 있다는 것이다.

벵갈루루에 있는 K-ICT 부트 캠프에서는 우리나라 스타트업을 대상으로 420평 규모의 공용 사무실과 숙소, 비즈니스 서비스를 지원하고 있다. 2018년 기준, 약 20개 기업이 입주해 있는 것으로 알려져 있다. 가장 대표적인 회사로는

'㈜밸런스히어로'이다. 인도 모바일 핀테크 시장에 진출한 이 기업은 현재 의욕적으로 사업을 확장하고 있으며, 인도의 대형은행인 ICICI와 투자 유치를 체결하기도 했다.

인도는 미국과 중국에 이은 스타트업 강국으로 일어서고 있다. 과거에는 창업을 위한 인프라도 부족하고 인건비도 현저하게 낮아 인도에 IT 인재가 아무리 많아도 자국에서 일하려는 사람이 없었다. 오죽하면 IT 인재 10명 중 8명이 해외로 진출했을 정도. 하지만 지금은 10명 중 9명이 인도에 남아 일한다.

이는 최근 인도의 스타트업 시장이 얼마나 활성화되었는지를 잘 보여주는 핵심 지표라고 할 수 있다. 그 덕분에 우리나라 제조업의 절반 수준인데도 우리나라보다 3배 많은 유니콘 기업을 보유할 수 있게 되었다. 이 시장에서 성공한 스타트업들이 인도의 경제발전에 얼마나 큰 도움이 될지, 또 세계 경제에 얼마나 큰 영향력을 행사하게 될지 짐작이 가는가? 미국이나 유럽 중국을 뛰어넘을 날이 올지도 모를 일이다.

핀란드,
폐허에서 피어난
세계 최고의 창업 국가

정부와 대학이 앞장선 스타트업의 파라다이스

핀란드는 참 작은 나라다. 수도 헬싱키를 횡단하는 데 15분이면 충분하다. 또 1년 중 절반이 겨울이다. 해는 오후 3~4시면 지고, 거리는 온통 눈으로 뒤덮여 있다. 역동적인 사계절이 펼쳐지는 우리나라에 비하면 매우 열악한 기후 환경이다. 인구도 550만 명에 불과하다. 2018년 기준, 우리나라의 충청도 인구가 549만 명이란 것을 감안하면, 한 국가의 인구 치고는 매우 적다. 거기다가 600년 동안 러시아와 스웨덴의 지배를 받았던 뼈아픈 역사도 가지고 있다. 경제적 측면에서 보면 글로벌 기업도 많지 않아 그나마 노키아 덕에 전

국민이 먹고살았다고 해도 과언이 아니다. 노키아가 침몰하기 전인 2011년, 이 기업이 국가 경제에 미친 영향을 보면 GDP의 4%, 수출의 25%를 차지할 정도다. 그러나 2013년 노키아가 마이크로소프트에 매각되면서 나라 경제 성장률은 −0.76%까지 떨어졌다.

하지만 역설적으로 핀란드의 성공은 노키아의 폐허에서 피어났다. 노키아 몰락 이후 스타트업들이 대거 등장했는데, 이 기업들이 노키아를 대신해 핀란드를 재건의 길로 들어서게 한 덕에, 핀란드는 지금 전 세계에서 인구 대비 스타트업이 가장 많은 나라가 되었다. 세계경제포럼은 핀란드를 '세계에서 가장 혁신적인 나라'라고 말했으며, 지난 2019년 6월 핀란드를 방문했던 문재인 대통령 역시 핀란드를 '세계 최고 수준의 창업 생태계를 구축한 나라'라고 평가했다. 현재 핀란드는 전 세계에서 손꼽히는 부강한 나라로 주목받고 있는데, 그 배경을 보면 노동생산성이 세계 1위다. 자녀를 위한 교육 제도와 노년 대비 복지도 단연 탑이다. 그렇다면 핀란드를 이 최고의 반열에 오르게 한 비결이 무엇인지 좀 더 자세히 살펴보자.

"사장님, 제가 회사 시스템을 해킹했습니다"

만약 직원이 이렇게 말했다면 뭐라고 답하겠는가? 보통의 사장이라면 일단 크게 화를 냈을 것이다. 그러고 나서 직원을 해고하거나, 소송을 거는 것이 일반적인 순서일 터. 그런데 핀란드의 한 기업 대표는 이 질문을 듣자마자 직원에게 차분히 되물었다.

"그래서 무엇을 배웠습니까?"

과연 우리가 다니는 회사 중 이런 발언이나 분위기를 받아들이는 기업이 몇이나 될까. 직원이 회사에서 대표에게 이렇게 말할 수 있다는 것도 놀랍지만, 대표의 반응이 더 놀랍다. 황당해하거나 화를 내기는커녕 '무엇을 배웠느냐?'라니. 이 놀라운 이야기는 바로 코네KONE 사에서 실제 벌어진 일이다. 이 회사의 한 직원이 대표에게 엘리베이터 시스템을 해킹했다고 말하자 대표가 이렇게 대답한 것이다. 엘리베이터나 무빙 워크, 에스컬레이터를 주로 만들어 파는 회사이기 때문에, 엘리베이터 시스템을 해킹했다는 것은 회사의 핵심 기술을 빼냈다는 것인데, 그런 직원을 대하는 대표의 태도만 봐도 우리는 이 회사의 기업문화를 짐작해볼 수 있다.

핀란드의 기업과 국가 경제를 살린 주요 원동력 중 하나는 기업들의 개방적이고 혁신적인 조직문화, 항상 배우려는 적극적인 태도다. 코네의 사례만 봐도 그렇지 않은가. 이러한 혁신적인 기운이 피어난 것은 아이러니하게도 핀란드를 먹여 살렸던 노키아의 마지막 힘이기도 했다. 한때 전 세계 휴대폰 점유율의 40%를 장악했던 노키아의 경험은 핀란드 국민들에게 재기의 발판이 되어주었다.

노키아는 모바일 사업부 매각 시점 전후로 퇴직자들에게 '브릿지 프로그램'을 제공했다. 이는 일종의 퇴직예정자들을 지원하는 프로그램인데, 유예기간을 두고 임금을 지급하면서 그들의 재취업이나 창업을 돕는 것이다. 특히 창업하는 사람들에게는 우리나라 돈으로 대략 3,000만 원의 투자금을 지원했으며, 창업에 필요하다면 노키아의 특허 기술도 무상으로 제공했다. 이렇게 해서 탄생한 스타트업만 무려 1,000개에 달한다. 우리나라에서 한때 선풍적인 인기를 얻었던 '앵그리 버드', '클래시 오브 클랜'과 같은 게임 역시 모두 이 지원을 받은 핀란드 스타트업들이 만들었다.

노키아의 이러한 브릿지 프로그램 외에도 핀란드는 대체적으로 대기업과 스타트업의 상생 구조가 잘 발달되어 있다. 가령 대기업이 기술을 개발하는 과정에서 어려운 부분이 있으면, 스타트업이 이를 해결해주고, 스타트업은 대기업으로부터 다양한 지원을 받는 식이다. 또 사람들 역시 기업에 상관없이 비슷한 분야에서 근무한다면 자연스럽게 모여 장시간 의견을 나누면서 프로젝트를 수행하는 방식에 익숙하다.

몇 안 되는 (당시로서는 거의 유일한) 대기업이 나서서 스타트업을 돕거나 기업의 규모에 상관없이 상생하면서 함께 살길을 적극적으로 도모하려는 이러한 현상은 사실 핀란드 자체가 계속 경기 침체를 겪었기 때문에 발생했다고 해도 과언이 아니다.

앞서 설명했지만 노키아가 망한 이후 나라 전체의 경제력이 급감하면서 다른 대기업들도 서둘러 인력을 감축하기 시작했다. 신규 고용창출 모델도 덩달아 한계에 부딪혔다. 지속적으로 떨어지던 실업률도 이 시기를 기점으로 올라, 2015년에는 9.4%까지 치솟았다. 결국 규모에 상관없이 핀란드 내 많은 기업들이 극한으로 내몰리게 되었다. 그 여파로 여기저기서 일자리마저 부족해지게 되었다. 이렇듯 나라가 망하게 생겼으니, 기업들도 서로 도울 수밖에 없었던 것.

또 이와 동시에 청년들도 발 벗고 나서서 자신의 일자리를 만드는 일에 관심을 기울이기 시작했다. 한마디로 창업이 활발해질 수밖에 없는 사회적 배경 요인이 있었던 셈이다. 어찌되었든 노키아의 이러한 노력과 핀란드의 경제 환경은 핀란드 스타트업 태동의 시발점이 되어주었다.

바통을 이어받아 스타트업의 동력이 되어준 것이 바로 핀란드 정부와 대학이다. 특히 정부의 '팀 핀란드Team Finland'가 주요한 역할을 했는데, 팀 핀란드란 핀란드에 있는 여러 공공기관 중 스타트업과 관련된 기관만 골라 네트워크로 엮은 것을 말한다. 북유럽에서는 가장 규모가 큰 스타트업 지원 시스템이라고 할 수 있다. 이를 거점 삼아 정부는 중소기업에 막대한 지원을 하기 시작했으며, 정부가 끌어들인 전체 지원금 중 50%는 스타트업에 돌아갔다.

스타트업이 점차 활성화된 덕분에 16%가량 일자리가 늘어났고, 수출액 역시 우리 돈으로 30조 원이 훌쩍 넘는 250억 유로로 늘어났다. 핀란드 정부는 여기에서 멈추지 않고 스타트업을 더 적극적으로 지원하고자 다양한 방안을 마련하는 중이다. 법인세를 20%가량 낮춘다거나 사람이 살지 않는 지역에 자율주행차 테스트 시설을 갖추는 등 여러 가지 시도가 여기에 해당한다.

어벤져스 교육기관 '알토대학교'

핀란드 정부 못지않게 한몫 톡톡히 한 것이 바로 대학이다. 핀란드는 전반적으로 교육 시스템이 탄탄하기 때문에 대학 역시 산학협력 시스템이 잘 갖춰져 있다. 핀란드 스타트업의 역사에서 대학은 빼놓을 수 없을 만큼 중요한 역할을 수행한다. 그중에서도 특히 알토대학교Aalto University는 교육기관계의 어벤져스, 혁신의 전진기지다.

2010년에 설립된 이 대학은 사실상 학생들의 창업을 지원하기 위해 세워졌다고 해도 과언이 아니다. 창업 실무에 도움이 될 만한 기술이나 경영, 디자인 영역에서의 융합 교육을 실현하고자 헬싱키 소재 명문대인 공과대학, 경제대학, 미술 디자인대학을 합친 것이 바로 이 알토대학이기 때문이다. 덕분에 학생들은 전공에 상관없이 다양한 수업을 들을 수 있으며, 실리콘밸리 인턴십도 가능하다. 대부분의 학과 과제는 창업에 초점이 맞춰져 있으며, 주로 실습이나 팀 프로젝트 방식으로 수행한다.

이러한 커리큘럼으로 훈련해온 덕분에 현재 핀란드 스타트업의 절반이 이 대학 출신이며, 알토대학에서 배출한 스타트업만 100여 개에 이른다. 이 대학은 졸업한 학생도 적극

지원한다. 캠퍼스 인근에 공유 오피스를 마련하여 창업한 졸업생들에게 무료로 대여하고 있는데, 이 공간은 140여 개의 스타트업이 입주할 만큼 크다. 또 여기에서 회의나 관련 업계 사람들과의 커뮤니케이션은 물론이고 숙식까지 해결할 수 있어 스타트업을 하는 졸업생이라면 종합적인 지원을 받을 수 있다.

알토대학의 강점은 학생들의 실무 훈련만이 아니다. 창업가들에게 반드시 필요한 기업가정신도 배양한다. 스타트업을 시작하면 사업 초반에 특히 '실패'할 일이 많기 마련이다. 이때 좌절하지 않고 끝까지 밀고 나가는 힘이 바로 기업가정신인데, 알토대학에서는 실무 훈련만큼이나 실패에 대한 면역력을 키우는 일도 중요하게 생각한다. 그래서인지 실패의 중요성을 끊임없이 설파하며 이와 관련된 다양한 행사도 개최한다. 한 예로, 매년 10월 13일에는 '실패의 날' 행사가 열린다.

이 행사는 교수, 학생, 창업한 사람들이 한자리에 모여 자신이 실패한 경험을 서로 나누는 것인데, 노키아의 명예 회장 요르마 올릴라 등 굵직한 창업가들도 대거 참여한다. 이들은 학생들을 대상으로 실패가 창업가에게 무엇을 의미하는지, 실패를 했을 때 무엇을 배워야 하는지에 대해 강연한다. 덕분에 알토대학에 다니는 예비 창업자들은 자기 사업을 시작하기 전부터 실패를 충분히 수용하는 마음가짐을 배우게 된다. 그래서 그들은 창업 이후 설사 실패했다고 하더라도 쉽게 좌절하지 않는다. 오히려 그것이 또 다른 성장의 밑거름이 된다는 사실을 누구보다 잘 알고 있다.

알토대학의 '실패의 날' 행사뿐만 아니라 헬싱키에서 열리는 '슬러시Slush'라는 행사도 주목할 만하다. '슬러시'는 우리가 알고 있는 얼음을 갈아서 만든 음료수 슬러시를 떠올리면 이해하기 쉽다. 핀란드 거리 곳곳에 쌓였던 눈이 녹을 때 마치 대형 슬러시와 흡사한데, 여기에서 행사의 이름이 착안되어 관련 업계의 다양한 사람이 융합된다는 의미 정도로 해석할 수 있다.

매년 11월이면 열리는 이 행사는 스타트업과 투자자, 기업 관계자들이 한곳에 모여 다양한 토론과 아이디어 피칭을 하는, 그야말로 유럽 최대의 창업 축제이다. 2008년 5명의 인원으로 시작되었지만, 이제는 2만 명의 스타트업이 모일 만큼 규모가 커졌다. 이 행사에 참가하는 사람들은 서로 정보를 교환하며 다양한 네트워킹 인맥을 쌓을 수 있다. 대학뿐만 아니라 지역, 나라 전체가 스타트업 활성화에 열을 올리고 있는 진풍경이다.

사실 알토대학이나 핀란드 정부의 적극적인 지원이 있기 전까지 핀란드 대학생들은 창업에 회의적이다 못해 냉랭했다. 노키아가 망하기 전까지만 해도 대학에서 창업하려는 학생들은 극소수에 불과했다. 100명 중 5명 정도 겨우 관심이 있었다고 할까. 하지만 현재는 "절대 창업하지 않겠다."라고 대답하는 학생의 수가 이 정도이다. 또한 핀란드 정부와 학교, 기업이 긴밀하게 연계하여 집중적으로 노력하고 지원한 덕에 핀란드 스타트업은 그 개수도 늘어났지만 투자금도 상당한 규모의 수준으로 유치했다. 2017년을 기준 투자금은 3억 4,900만 유로로, 2012년에 비해 무려 100% 이상이 증가했다. 한화로 따지면 4,500억을 뛰어넘는 금액인데, 그 규모가 실로 어마어마하다.

'스타트업 대국'을 꿈꾸는 우리나라로서 핀란드는 부러움의 대상인 동시에 적극적으로 벤치마킹해야 하는 나라임에 틀림없다. 정부가 대학, 기업이 어떻게 연계하고 어떤 방식으로 지원해야 하는지 잘 갖춰진 시스템을 배우는 것도 중요하지만, 사실 우리가 더 절실히 배워야할 것은 스타트업을 바라보는 긍정적인 문화와 근본적인 사회 시스템이다. 사회적 분위기를 반전시키고 학생들의 의식을 뒤엎어 그들이 주도적으로 산업 생태계를 견인할 수 있도록 만든 핵심 요소가 무엇인지, 그것을 배워야 한다.

지금 우리에게는 투자금을 얼마나 지원할 것인지, 규제의 정도를 어떻게 조율할 것인지 못지않게 학생들이, 청년들이, 창업가가 국가와 기업을 믿고 좀 더 쉽게 창업 시장에 발을 들이는 자유로운 분위기를 만드는 것이 필요하다. 창업가 스스로 어떤 실패도 용인하겠다는 실패에 대한 면역력을 기르는 일, 강력한 기업가정신 배양 또한 중요하다. 무엇보다 그 실패를 창업가 개인의 탓으로 돌리지 않고, 그들이 더 탄탄한 환경에서 다시 시작할 수 있게 토양을 만드는 것이 먼저다. 핀란드 스타트업의 눈부신 발전의 이면에는 이런 훌륭한 기반들이 존재한다. 단기간에 형식적이고 즉각적인 지원 프로그램을 만드는 일보다 장기적 차원에서 스타트업을 활성화시키고자 하는 열린 문화와 시스템을 바꾸는 일이 결국 생태계의 변화를 견인할 것이다.

영화 '시스터 액트2'를 기억하는가? 라스베이거스 최고의 인기 가수인 주인공 들로리스가 또 한 번 수녀로 위장해 학교에 잠입, 최고의 청소년 합창단을 만들어낸 이야기. 폐교 위기에 닥친 학교에는 제대로 된 커리큘럼은커녕 제멋대로인 학생들뿐이었다. 학생 스스로도 학교에 대한 기대나 자기 자신에 대한 믿음이 전혀 없었다. 하지만 들로리스는 엉망진

창이던 학생들을 모아 합창단을 만들었고, 누구도 알아보지 못한 학생 한 명 한 명의 가능성과 역량을 알아봤으며, 그것을 멋지게 키워냈다. 하지만 과연 단순히 음정을 맞추고 화음을 쌓고, 노래와 춤을 배운다고 해서 가능할까?

물론 기술적으로는 필요한 일이다. 그러나 학생들을 변화시킨 건 들로리스의 강력한 믿음 덕분이었다. 포기하지 말고 스스로를 믿고 나아가라고 격려한 한 선생 덕분에 학생들은 선생을 믿고 스스로를 믿을 수 있었다. 폭발적인 가창력으로 '오 해피데이'를 부르며 우승까지 거머쥘 수 있었다. 결국 그 노래는 학생들 자신뿐만 아니라 저런 꼴통 학교에 다니는 애들이 뭘 할 줄 알겠느냐며 비웃던 많은 청중들, 폐교를 주장하던 신부 선생님들의 마음까지 바꿔놓았다. 사람의 마음을 흔들어 행동을 바꾼다는 것은 바로 그런 일이다.

에스토니아가 건설한 '디지털 대국'

'전자영주권'과 '법인세율 0%'

세계경제포럼이 선정한 '유럽에서 가장 창업을 활발하게 하는 나라'가 어디인지 아는가? '에스토니아'이다. 에스토니아라고 하면, 사실 '어디에 있는 나라야?' 하기 쉽다. 아는 사람보다 모르는 사람이 많을 정도로 존재감이 적기 때문이다. 이해를 돕기 위해 설명을 덧붙이자면, 이 나라는 러시아와 스웨덴, 핀란드를 사이에 둔 '발트해'에 위치하고 있으며, 러시아 국경에 인접해 있다. 1991년 소련이 붕괴하면서 독립하게 되었는데, 이때만 해도 GDP가 2,000달러에 불과했다. 나라의 면적은 대한민국의 절반 수준이며 그마저도 2분의 1

은 산림지역이다. 임업이 주요 산업이었으니 가난을 면하기도 힘들었다. 인구는 130만 명에 그쳐 인적 자원도 부족했다. 한마디로 '발트해의 빈국(貧國)'인 셈. 그런 작은 나라가 독립 23년 만인 2018년 기준, GDP가 1만 9,000달러에 이를 정도로 성장했다. 또 매년 1만 개나 넘는 기업이 창업을 한다. 그중 2,000개가 스타트업이다. '스타트업의 성지(聖地)'라고 칭송받을 정도로 새롭게 주목받는 이곳, 에스토니아는 어떻게 이만큼 성장할 수 있었을까.

-14%의 참혹한 경제 성장률을 뚫고

가장 강력한 견인차 역할을 했던 것은 정부였다. 사실 에스토니아는 러시아로부터 독립해서 해방된 조국을 맞기는 했지만, 당시 현실은 믿기 힘들 정도로 매우 비참했다. 국가 경제 성장률 −14%. 거기다가 변변한 천연자원조차 없었으니 살길이 막막한 것은 너무도 당연한 일. 이 광경을 목도한 에스토니아 국민들은 과거 소련의 계획경제에서 벗어나 새로운 시장경제 체제로 전환을 꾀하기 시작했다. 잘된 일인지 아닌지 모르겠지만, 그때만 해도 제대로 된 대기업 하나 없었기 때문에 모든 것을 처음부터 시작해야 했다.

이 과정에서 국가와 국민이 잡은 화두가 바로 IT기술과 스타트업이었다. 에스토니아의 초기 집권 세력은 '디지털 사회를 구현해 단숨에 국가 경쟁력을 끌어올린다.'라는 파격적인 전략을 내세웠다. 그러고 나서 스타트업 활성화와 IT기술 개발에 총력을 기울이기 시작했다. 이때 정부가 어떻게 견인차 역할을 했느냐 하면, 바로 '규제'의 장벽을 대폭 낮춘 것이다. 당시 에스토니아 정부 관계자들의 머릿속에는 '규제'라는 것이 존재하지 않았다. 어차피 아무것도 없는 황량한 벌판에서 시작하는 것이니, '무엇이든 가능하다.'라는 게 그들의 생각이었다. 에스토니아 정부의 파격적인 혁신은 바로 여기서부터 시작되었다.

에스토니아 정부가 공략한 첫 번째 혁신 전략은 '전자영주권'을 도입한 일이다. 100유로, 그러니까 우리나라 돈으로 13만 5,000원 정도만 내면 전 세계인 누구든 에스토니아의 영주권을 받을 수 있다. 이를 바탕으로 에스토니아에 발 한 번 붙여보지 않고도 온라인 창업이 가능하다. 그만큼 온라인 기반 행정 서비스가 간소화, 간편화되어 있다. 이런 파격적인 혁신 전략 덕에 2019년 기준, 전 세계 167개국에서 무려 4만 9,000명이 시민권을 받았다. 현재 외국인이 설립한 법인 회사만 해도 5,000개에 이른다. 우리나라의 에스토니아 전자영주권 발급 순위는 13위이며, 총 1,262명이 취득했다.

두 번째 전략은 '법인세율 0%'다. 창업과 관련된 각종 혜택들이 줄을 섰지만 창업가 입장에서 이만큼 강력한 것이 또 있을까. 아무리 많은 돈을 벌더라도 회사에 다시 재투자하거나 은행에 넣어두면 창업가는 단 한 푼의 세금도 내지 않는다. 이익을 배당할 때에만 20% 정도의 세금이 부과될 뿐. 더구나 이 전략에 주목해야 하는 까닭이, 외국계 기업에도 동일하게 적용된다는 것이다. 국가마다 자국민과 외국인의 비즈니스 환경과 제약이 다른 것이 부지기수인데, 에스토니아는 그런 차별이 전혀 없다. 창업하는 데 드는 돈은 우리 돈으로 30만 원이 채 안 되는 200유로, 시간은 15분이면 충분하다. 만약 사업을 하겠다고 마음만 먹는다면, 누구라도 손쉽게 할 수 있는 환경이다. 이렇게 시작하기 쉽고 파격적인 혜택이 있다 보니 많은 스타트업이 몰리는 것은 어쩌면 당연한 이치가 아니겠나. 스타트업이 몰리니 투자액 역시 점점 몰리는 추세. 2006년 569만 유로에 불과했던 금액이 10년 사이에 20배가 넘는 1억 343만 유로로 늘어났다. 이는 에스토니아의 스타트업 생태계가 얼마나 빠르고 강력하게 성장하고 있는지 확인할 수 있는 가장 확실한 지표다.

'스카이프'를 탄생시킨 저력

정부의 세 번째 전략은 '디지털 교육'이다. 에스토니아는 정부 구성부터 교육, 생활 전반에 이르기까지 모든 것이 IT 기술을 통한 혁신으로 똘똘 뭉쳐 있는데, 사람들이 이런 환경을 어렸을 때부터 자연스럽게 받아들이도록 디지털 교육에 힘쓰고 있다. 대표적인 것이 바로 코딩 교육이다.

우리나라도 최근 몇 년 사이 코딩 교육이 활성화되기 시작했지만, 에스토니아에서는 무려 20여 년 전부터 모든 학생들에게 코딩을 가르치기 시작했다. 맞춤형 코딩 교육인 '프로지 타이거Proge Tiger'는 일종의 컴퓨터 프로그래밍 조기 교육 프로그램으로, 초등학생 때부터 프로그래밍 언어와 기본 지식을 배울 수 있다. 또한 유치원생들에게도 퍼즐 같은 게임 형식을 통해 코딩을 배울 기회를 제공하고 있다. 이러한 교육 시스템 덕에 많은 청년들이 IT에 최적화된 인재로 자라고 있다.

네 번째 전략은 이른바 '디지털 대국'을 건설하는 일이다. 쉽게 말하면 국내에 최적의 디지털 환경을 구축하겠다는 것이다. 실제 에스토니아는 국가 전체가 매우 뛰어난 디지털 환경을 자랑하고 있다. 국토의 절반이 산림지역이지만, 이곳에서도 인터넷이 잘 터진다. 뿐만 아니라 금융 거래의 99%는 인터넷 뱅킹으로 이루어진다. 또 전국 단위의 선거에서 온라인 투표를 도입한 세계 유일의 국가이다. 초기에는 대통령조차 부정 선거의 위험이 있다고 반대했지만 대법원이 허락하면서 전자 투표가 시행됐다. 이제는 전체 인구의 3분의 1이 전자 투표에 참여한다. 물론 이는 에스토니아가 면적상 작고 다른 국가에 비해 상대적으로 인구수도 적기에 가능한 일일 수도 있다. 그러나 가장 보수적인 시스템의 하나인 선거마저 혁신하겠다는 의지를 보면, 다른 어떤 분야도 디지털화 하는 것이 가능해보인다.

실제 다양한 창업 지원책과 디지털 환경 덕분에 세계 1위의 인터넷 전화업체로 이름을 날린 '스카이프'가 탄생할 수 있었다. 또 현재 세계 최대 규모의 국제송금업체인 '트랜스퍼와이즈', 세계 최초의 식료품 배달 로봇 제작 업체인 '스타십테크놀로지'와 같은 유니콘 기업도 이 덕분에 탄생한 셈이다.

여기에서 눈에 띄는 점은 에스토니아 정부의 행보다. 정부는 이런 적극적인 스타트업 장려 정책으로 업계를 활성화시킨 것에 안주하지 않는다. 그보다 한 발짝 더 나아가 스스로 정부 시스템을 개혁하기 위해 앞장서고 있다. 그 모습이 마치 하나의 스타트업이 움직이는 것과 같다. 정부의 이런 노력 덕에 현재 에스토니아는 전 국민이 디지털 아이디를 하나씩 발급받음은 물론, 단 한 장의 전자 신분증으로 정부 서비스의 99%를 이용할 수 있는 수준에 이르렀다. 결혼이나 이혼, 부동선 거래를 제외하고 웬만한 서비스는 다 이용할 수 있다. 좀 더 쉽게 말해 납세나 교육, 투표, 병원에서 처방전 발급받기, 금융 대출 등 2,600개에 달하는 행정 서비스를 온라인상에서 간편하게 이용할 수 있게 된 셈이다.

특히 이 모든 시스템이 블록체인으로 구현되어 있기 때문에 안전성도 최고 수준을 보장한다. 이런 에스토니아 정부의 혁신적인 디지털 행정 시스템은 우리나라를 비롯한 전 세계 26개국에도 전파되는 중이다. 만약 활성화가 되어 제대로 자리 잡을 수 있다면 GDP의 2%에 가까운 비용을 절감할 수 있다.

에스토니아를 보면 이런 질문이 떠오른다. "어디까지 혁신이 가능한가?" 그들의 대답은 아마도 "혁신할 수 없을 때까지 혁신한다."일 것이다. 에스토니아는 이미 상상해오던 많은 것을 디지털 기술로 구현하고 있으며, 그 혁신의 여정에 장애물은 없어 보인다.

혁신의 끝이 없는 이유가 바로 이것. '발트해의 빈국'이었던 에스토니아가 오늘날 이룬 성과를 보라. 디지털 개발지수 세계 1위, 인터넷 자유지수 세계 1위, 창업활동지수 유럽 1위, 세계 경쟁력 OECD 국가 중 1위, 디지털 경제·사회지수 유럽 1위. 놀랍지 않은가? 에스토니아보다 훨씬 부유하고, 더 많은 청년 인재를 보유한 우리가 똑같은 질문을 받는다면 무엇이라고 답하겠는가. 에스토니아의 행보를 보며 좀 더 주의 깊게 생각해보아야 할 지점이 바로 이것이다.

실리콘밸리 말고 실리콘비치가 뜬다

미국 스타트업 현황과 새로운 전진

스타트업 하면 가장 먼저 떠오르는 곳이 단연 '실리콘밸리'일 것이다. 이는 업계뿐만 아니라 전 세계적으로 통용되어오던 것이었다. 애플, 페이스북, 구글을 탄생시킨 모 회사 '알파벳'도 실리콘밸리에 있으며, 그 외 대형 기술 스타트업의 60% 이상이 이곳에 자리 잡고 있다.

그런데 최근 몇 년 사이 스타트업들이 실리콘밸리를 떠나고 있다. 제일 큰 이유는 유지비용 자체가 매우 비싸진 까닭이다. 미국의 다른 지역과 비교하면 그 비용이 3~4배 가까이 높아졌다. 샌프란시스코 집값은 상상을 초월할 정도로 비싸졌고, 지속적인 물가 상승과 젠트리피케이션으로 인해 연봉이 억대더라도 여유 있게 생활하기가 힘들어졌다. 그렇다 보니 자금이 부족한 초기 스타트업이 실리콘밸리에 입성하는 것도 여의치 않고 힘들게 들어가더라도 자리 잡기가 어려워졌다.

또 다른 이유는 기존의 스타트업이 대기업화되면서 스타트업 특유의 혁신적인 문화가 점점 사라지고 있기 때문이다. 우선 지역 자체가 매우 배타적인 곳으로 변했고, 네트워킹을 통한 협업 또한 전보다 못하게 되었다. 또 좋은 인재가 있으면 막대한 비용을 감수하고서라도 스카우트를 해서 데려가기 때문에 규모가 작은 스타트업은 버티기도 힘들고 그 지역이 매력적이지도 않다. 이런 까닭에 초기 스타트업들이 새로운 지역에 눈을 돌리기 시작했다. 실리콘밸리에서 1시간 30분가량 달리면 나오는 곳, 바로 로스앤젤레스의 '실리콘비치'다.

미국이 스타트업을 잘 키울 수밖에 없는 이유

'실리콘비치'는 행정구역상의 정식 지명은 아니다. 굳이 지리적으로 따져보면, 미국 캘리포니아주 로스앤젤레스에 있는 베니스 해변가와 산타 모니카를 중심으로 한 서남부 해안지역 일대를 말한다. 그렇다면 이곳이 실리콘밸리보다 어떤 이점이 있어서 스타트업 사이에서 각광받고 있는 것일까.

실리콘 비치에 대해서 보다 자세하게 알아보기 이전에 우선 미국의 스타트업 육성책을 살펴볼 필요가 있다. 더불어 이를 살펴보면 왜 실리콘밸리와 실리콘비치가 모두 '캘리포니아주'에 있는지도 알 수가 있다. 미국은 전 세계에서도 스타트업이 가장 활발하게 생겨나고 또한 그 실제 성공 사례도 셀 수 없을 만큼이나 많다. 따라서 전 지구적 단위에서 스타트업의 과거 성과의 현재의 역량을 꼽으라면 단연 최고라고 할 수 있다.

미국은 그간 수많은 스타트업 지원의 경험을 밑바탕으로 자신들만의 명확한 육성 및 지원책을 가지고 있다. 우선 미국은 창업에 있어서의 단계별 전략, 그리고 그 전략을 달성하기 위한 구성요소를 매우 명확하게 구분해 실행가능성을 높이고 있다. 또한 혁신 및 창업 전략에 관한한 백악관이 직접 챙김으로써, 각 부처들 간에 역할 조정과 효과적인 예산의 집행, 그리고 민간기관들의 협력이 가능하도록 지원하고 있다. 트럼프 행정부 역시 스타트업의 중요성에 대해서는 누구보다 잘 알고 있기에 기업 규제에 대한 행정명령을 내리는 것은 물론이고 백악관 직속 산하에 '미국 혁신국'을 설치해 혁신과 창업 분야를 지원하고 있다. 또 다양한 프로그램들을 마련해 놓고 있다. '스타트업 아메리카 이니셔티브'는 백악관이 직접 담당하는 민간부문의 혁신적 기업가 지원정책이다. 특히 고성장 스타트업이 대규모 자본에 보다 용이하게 접근하게 할 수 있으며 다양한 규제와 장벽을 제거하는 것은 물론이고 교육과 멘토링 프로그램을 지원, 확대하고 있다. 일명 'JOBS법Jumpstart Our Business Startup Act'은 신생 기업이 보다 쉽게 자금을 조달할 수 있도록 도움을 주고 이를 통해 일자리를 창출하게 한다. 또 투자 자금 유치를 위한 규제를 완화하는 것은 물론이고 스타트업이 주식 시장에 보다 쉽게 상장할 수 있도록 돕고 있다.

거대한 소비시장도 실리콘비치의 성장 이끌어

미국 시장조사기관이 발표한 내용에 따르면, 미국 내에서도 창업이 활발하게 이뤄지는 지역 3곳을 꼽았을 때, 1위는 실리콘밸리, 2위는 뉴욕, 3위는 로스앤젤레스였다. 여기서 중요한 점은 실리콘밸리와 로스앤젤레스는 모두 캘리포니아에 위치하고 있다는 점이다. 따라서 미국 스타트업의 중심지는 단연 캘리포니아와 뉴욕으로 양분된다. 그중에서도 캘리포니아는 미국에서 가장 많은 스타트업이 존재하는 동시에 탁월한 액셀러레이터도 많다는 것이 큰 이점이다. 미국에서 발표한 자료에 따르면 톱 15에 선정된 액셀러레이터들 중 6개사가 캘리포니아주에 있다. 이곳에 위치하며 1위를 차지한 Y콤비네이터는 16개의 유니콘 기업을 키워낸 역량 높은 곳이다. 이들의 기업 가치를 다 합치면 80조가 넘는다. "Y콤비네이터가 투자하거나 지원하고 있다."라는 말은 곧 "성공의 보증수표를 받았다."라는 말과 같다. 지역 내에 이런 인프라가 구축되어 있으니 사실상 실리콘비치가 실리콘밸리 다음으로 각광받는 것도 전혀 이상할 게 없다. 창업을 하기에 최적의 조건을 갖춘 지역이기 때문이다. 또 인근에 캘리포니아 공과대학, 서던 캘리포니아대학, 캘리포니아대학 등 무려 20여 개가 넘는 대학들이 둥지를 틀고 있어 탁월한 인재를 영입하기에도 매우 좋다. 이러한 명문대에서 지속적으로 엔지니어들이 배출되어 실리콘비치로 유입되다 보니 일단 수적으로 다른 지역보다 유리할 수밖에 없다.

캘리포니아가 가지고 있는 이점 말고도 로스앤젤레스 자

체가 매력이 많은 지역이라는 것이 또 하나의 이유이기도 하다. 일단 이 지역은 자체적으로 매우 큰 소비시장을 가지고 있다. 그 규모가 한국과 비교할 수 없는 정도다. 시장이 커서 소비자가 많다는 것은, 수익적인 면에서도 유리하지만 스타트업에게는 특히나 중요하다. 많은 소비자들의 피드백을 듣고 더 빠르게 사업의 방향을 전환할 수 있는 좋은 피봇 환경이란 소리이기 때문이다. 또 다양한 문화가 공존한다는 것도 큰 매력인데, 이는 창업자들이 아이디어를 발굴하거나 반영하는 데 있어서 매우 좋은 조건이 되어주기도 한다. 창업가가 매력을 느낄 만한 로스앤젤레스의 매력을 하나 더 꼽자면, 창업 지원 정부기관인 'LA 클린 테크Clean Tech 인큐베이터'가 있다는 것이다. 이곳은 친환경 사업을 중점으로 인큐베이팅을 해주며 현재 총 40여 개 업체가 입주해 있다. 이 밖에도 창업을 준비하는 사람들을 지원하는 다양한 인큐베이터가 마련되어 있다. 그중 '비타비 스타트업 차고USC Viterbi Startup Garage'는 초기 기술 스타트업을 지원하는 인큐베이터로, 12주 동안 관련 분야 훈련 프로그램을 진행하면서, 인터넷, 소프트웨어, 하드웨어 관련 스타트업을 집중 육성하고 있다.

실리콘비치의 이러한 지리적 이점과 다양한 매력 덕에 이미 이곳에서 성공한 기업들이 속속들이 나오고 있다. 가장 대표적인 회사가 바로 모바일 메신저 회사인 '스냅챗'이다. 이 메신저의 주요 기능은 수신자가 메시지를 받으면 그 내용을 곧바로 사라지게 하는 것인데, 이것 때문에 10대 사용들에게 매우 인기를 끌고 있다. 현재 기업 가치는 한화로 따졌을 때 무려 33조 원에 달하며, 전 세계의 이용자수는 2억 명을 넘어서고 있다. 페이스북이 3조 원을 제안하며 인수 의사를 밝혔지만 이를 거절해 더욱 유명해졌다. 최근에는 알리바바로부터 2,000억 원을 투자받기도 했다. 또 다른 기업으로는 '달러셰이브클럽'이 있다. 이 회사는 면도날을 저렴한 가격으로 정기 배송해서 면도기업계에 파란을 일으키기도 했다. 이외에도 많은 유저들을 확보하고 있는 인기 게임인 '리그오브레전드'의 개발 · 운영사 '라이엇게임즈', 온라인으로 자동차 사는 '트루카'도 있다. 트루카는 미국인들이 자동차를 살 때 다양한 딜러들과 협상도 하고 가격도 흥정할 수 있도록 정보를 제공하는 매우 유용한 사이트다. 또 '후루'는 넷플릭스와 같은 비디오 스트리밍 회사로, 넷플릭스보다 전체 콘텐츠 양은 적지만 텔레비전 콘텐츠에서는 양적으로 우위를 선점한 것으로 알려져 있다.

실리콘비치가 그 자체로 창업가들에게 매력적인 지역이기

도 하지만, 사실 새롭게 뜨고 있는 진짜 이유는 처음 설명한 것처럼 커질 대로 커진 실리콘밸리가 더 이상 혁신을 꾀하는 초기 스타트업에 맞지 않기 때문이다. 그래서 실리콘비치도 이 점을 매우 의식적으로 생각하는 듯하다. 지난 2018년, 실리콘비치에서는 '서약 LA'라는 캠페인이 열렸다. 이 캠페인의 모토는 '실리콘밸리처럼 성장하지 말자.'는 것이었다. 여러 스타트업이 크게 성공한 덕분에, 수많은 예비 창업가들의 마음에 불을 지폈던 실리콘밸리. 하지만 희망의 기지가 지금 어떻게 변했는가. 노숙자들이 넘쳐나고 불평등한 소득으로 인해 사람들의 불만이 쏟아지고 있으며, 극심한 도로 정체 현상으로 지역 일대가 골머리를 앓고 있다. 스타트업은 활성화되었지만, 결과적으로 지역과는 원만한 공생관계를 만들어내지 못한 반쪽짜리 성공인 셈이다. 이는 향후 우리나라에서도 얼마든지 발생할 수 있는 문제다. 기업이 잘되면 지역경제도 살아난다. 기업의 활성화가 곧 지역 활기를 이끄는 긍정적인 결과를 불러일으킨다. 하지만 성공한 기업이 지역과의 문제를 도외시하면 어떻게 될까. 갈등은 커질 것이고 실리콘밸리처럼 될지도 모른다. 따라서 실리콘비치의 이점을 벤치마킹하는 것도 중요하지만, '지역과 공생하는 스타트업'이라는 새로운 화두도 분명히 인지하고 준비해야 한다.

'멜팅 팟'을 무기로 살린 뉴욕 실리콘앨리

인종 간 융합이 빚어낸 번성

세계 2위 창업 도시 뉴욕은 캘리포니아만큼 핫한 지역이다. 그리고 바로 이곳에 실리콘앨리가 존재한다. 로어 맨해튼과 미드타운 일대에는 우리도 잘 알고 있는 '텀블러', '허핑턴포스트', '킥스타터', '비즈니스 인사이더'가 자리 잡고 있다. 실리콘비치가 퇴색하는 실리콘밸리에 대한 반작용 때문에 탄생했다면 실리콘앨리는 뉴욕의 강력한 창업 지원 정책과 '멜팅 팟melting pot'이라고 불리는 문화적 다양성, 금융의 중심지라는 이점 덕에 탄생하게 됐다. 전 세계 유니콘 기업 중 10개 기업이 실리콘앨리에 존재한다는 사실은 이곳의 위상이 어느 정도인지 알 수 있게 해준다. 페이스북, 트위터, 구글 역시 이곳에 별도의 사무실을 두고 뉴욕 최신 트렌드를 파악하면서 전 세계 인재들을 채용해왔다.

생태계 조성을 위한 선순환 구조 정착

1990년대, 경기 침체가 계속되면서 뉴욕 곳곳에 빈 사무실들이 생기기 시작했다. 건물 임대가 잘 되지 않았으니 임대료가 저렴해지는 것은 당연한 일이었다. 그러자 자본금이 많지 않은 스타트업이 이 지역에 관심을 보이며 모여들기 시작했다. 이는 아주 자연스러운 현상이었다.

이런 흐름을 타고 2014년을 전후로 실리콘앨리가 형성, 폭발적인 성장세를 기록하기 시작했다. 실리콘앨리에 있는 스타트업에 대한 투자액이 전분기 대비 무려 22%나 급등했기 때문이다. 이 성장 배경에는 사실 당시 뉴욕 시장이었던 마이클 블룸버그의 역할이 지대했다. 그는 뉴욕을 '디지털 시티'로 발전시키고자 했다. 그에 따라 장기적인 계획을 세우고 '메이드 인 뉴욕', '스타트업 뉴욕 프로그램'을 운영하기 시작했다. 이는 전도유망한 스타트업을 선발해 10년간 세금을 면제해주는 아주 파격적인 정책이었다. 지방세가 100% 감면되는 것은 물론이고 법인세, 부동산세, 판매세, 심지어 직원의 개인소득세까지 면제받을 수 있다. 이뿐만 아니라 시 차원에서 5,000만 달러 규모의 '혁신 벤처 캐피털 기금'을 조성하여 맨해튼 루즈벨트 아일랜드 코넬대학교 NYC 테크 캠퍼스에 12만 2,000평의 토지와 1억 달러를 지원했다. 이는 하이테크, 산학협력, 스타트업 창업 중심의 리서치 대학과 산업 간의 유기적인 교류를 적극 유도하기 위한 것이었다.

이러한 파격적인 혜택이 주어지자 더 많은 스타트업이 뉴욕 실리콘앨리로 모여들었고, 투자자들은 이 지역 스타트업의 역동성을 보고 더 과감하게 투자를 감행했다. 일종의 자연스러운 선순환 구조가 만들어진 셈이다. 여기에 구글, 아마존, 트위터 같은 대형 기업들도 뉴욕에 지사를 냈고, 코워킹 스페이스를 제공하는 '위워크'가 들어오면서 스타트업들을 위한 최적의 환경이 완성됐다.

실리콘앨리가 발전할 수 있었던 또 하나 중요한 이점은 뉴욕이 세계적인 금융의 중심지라는 것이었다. 이 덕에 혁신적인 스타트업을 찾아 나서는 투자자의 수 자체도 많았지만 그들의 투자 규모 또한 남달랐다. 스타트업들은 금융의 중심지에서 더 많은 투자자를 만날 수 있으니 이보다 좋은 조건은 없었을 것이다. 또 금융의 중심지이다 보니 실리콘앨리에서는 다른 지역보다 블록체인 사업에 대한 성장세가 남다르다. 현재 뉴욕에서는 미국 최대의 블록체인 연례행사인 '컨센서스'가 개최되며, 행사 관계자들은 "전 세계에서 금융 중심지인 뉴욕보다 블록체인을 더 잘 선도할 수 있는 도시는 없다."라고 호언한다. 이런 주장을 뒷받침하듯 실제 뉴욕 내에 블록체인 관련 일자리가 지난 2015년 이후 무려 800%나 많아지기도 했다.

왜 우리에게는 실리콘앨리가 없을까?

그런데 우리가 여기서 주목해야 할 점은 사실 따로 있다. 무엇일까? 뉴욕이 서울과 매우 비슷한 조건을 갖추고 있는 도시라는 점이다. 무슨 말인가 하면, 실리콘앨리가 새로운 스타트업 중심지로 성공할 수 있었던 요건들을 잘 살펴보고 필요한 것을 도입하다 보면 우리도 서울을 실리콘앨리 못지않은 멋진 곳으로 만들 수 있다는 말이다. 스타트업 도시들을 나열했을 때 20위 권 밖으로 밀려나 있는 한국이 세계 2위를 차지한 뉴욕처럼 도약할 수 있다면, 지금과 어떻게, 얼마나 달라질지 상상이 가는가?

자 그럼, 뉴욕이란 도시를 좀 더 자세히 파헤쳐보자. 먼저 지역 특성부터 따져보는 것이다. 이곳이 금융의 중심지라고 하지만 오직 블록체인 분야만 발전하는 것은 아니다. 실리콘앨리는 이미 뉴욕의 다양한 산업과 궤를 같이하며 발전하고 있다. 이는 실리콘밸리가 성장하는 방식과 매우 다른 양상을 보인다. 실리콘밸리의 경우 반도체와 IT 등 기술 관련 스타트업 비율이 전체의 25%를 차지한다. 이는 미국 전 지역을 놓고 봤을 때 평균에 해당하는 11%보다 2배가 넘는 수치다. 실리콘밸리가 기술집약적인 산업단지로 발전했다는 것을 알 수 있는 부분이다.

그러나 실리콘앨리는 이와는 전혀 다르게 발전하고 있다. 뉴욕은 사실 금융뿐만 아니라 패션, 예술, 미디어의 메카이기도 하다. 그러다 보니 기술뿐만 아니라 기존 산업의 파워도 꽤 센 편. 그래서인지 이곳 스타트업이 주도하는 산업도 기술 중심에 편향되기보다 기존의 산업과 결합한 새로운 형태로 발전하고 있다. 예를 들어 뉴 미디어, 핀테크, 헬스케어, 전자상거래 등 발전하는 분야가 매우 다양하다. 특히 B2B사업이 가장 활성화되고 있는데, 이는 이곳 스타트업들이 기존 기업들과 매우 빈번하게 거래하고 있음을 증명하는 대목이다.

뉴욕은 인재를 수급하는 데에도 매우 유리하다. 뉴욕주립대와 뉴욕시립대를 포함해 미국에서 2번째로 많은 4년제 대학 졸업생과 과학자, 기술자 등이 이곳에 존재한다. 포괄적이고 종합적인 대학 시스템, 전문적인 개발 프로그램 덕에 다재다능한 인력이 넘쳐난다. 초기 스타트업은 경영자와 창립 멤버의 능력에 크게 의존하기 때문에 유능한 인재를 쉽게 구할 수 있는 환경 자체가 매우 중요하다. 이는 실리콘밸리를 떠받치는 매우 중요한 요소라고도 할 수 있다.

서울 역시 한국 금융의 중심지인 것은 물론 다양한 산업군이 몰려 있다. 또 유능한 인재들을 배출하는 명문 대학들도 많기 때문에 인력 수급과 산학 협력에 탁월하다. 뉴욕은 다양한 인종들이 모여 사는 '멜팅 팟' 지역이다. 멜팅 팟이란 용광로를 뜻하는 말로, 이 지역이 그만큼 다양한 민족과 문화가 어울리고 융합된다는 의미다. 서울에 거주하는 외국인은 30만 명에 육박한다. 일부 지역은 한국인지 외국인지 헷갈릴 정도다. 그만큼 다양한 인종과 문화가 어울리는 환경 또한 뉴욕과 매우 유사하다.

물론 뉴욕과 서울이 규모 면에서 큰 차이가 있기 때문에 비교하기 어렵다는 반론을 제기할 수 있다. 그럼에도 불구하고 뉴욕과 서울을 비교하는 것은 뉴욕이 밟아온 길을 따라가다 보면 서울도 지금보다는 좀 더 스타트업에 친화적인 도시로 발돋움할 수 있는 힌트를 얻을 수 있기 때문이다. 서울시가 계속해서 스타트업에 관해 파격적인 우대 대책을 제시하고, 산학협력 시스템을 적극적으로 지원해서 대학과 스타트업이 좀 더 자유롭게 교류할 수 있도록 돕는다면, 지금보다 훨씬 건강한 스타트업 생태계 기반을 마련할 수 있을 것이다.

Chapter 4

토종 늑대들이 뛴다

대한민국은 9개의 유니콘 기업을 배출한 세계 5위권의 국가이다. '5위'라고 하면 그래도 매우 높은 것처럼 생각되기는 하지만, 미국과 중국에 워낙 많은 유니콘 기업이 편중되어 있기 때문에 그다지 유의미한 수치는 아니다. 생태계의 순위로 봐도 세계 20위권 밖으로 밀려나 있다. 그러나 이런 수치가 대한민국 스타트업의 위상을 낮춰 볼 이유가 되지는 않는다. 정량적 수치보다 더 중요한 것은 정성적인 성과이다. 지금 우리나라의 스타트업이 어떤 내부적인 파급력을 가지고 있는지, 그리고 또 앞으로는 어떻게 변할 수 있는지가 더욱 중요하다. 지금부터는 변종의 늑대가 눈을 들어 바라보는 미래의 하늘을 살펴보자.

스타트업 카르텔의 주인공들

달라진 스타트업 생태계 이해

2019년 초, '열혈사제'라는 드라마가 방영된 적이 있다. 다혈질 신부가 자신의 성당 교구인 구담구를 둘러싼 각종 비리를 파헤치고 스승의 불명예스러운 죽음에 얽힌 비밀을 밝히는 내용이었다. 할 말은 곧 죽어도 해야 하는 성격과 시원시원한 액션도 큰 재미였지만, 구담구의 주요 권력층이 담합하여 만들어놓은 견고한 악행의 핵, '구담구 카르텔'이 서서히 깨지는 것을 보는 재미가 쏠쏠했다.

전작 《더 스타트업 카르텔》에서도 밝혔지만, 사실 카르텔이란 좋은 의미는 아니다. 기업 측면에서 보면 담합에 가깝고 또 정치적으로 보면 파벌이 여기에 해당한다. 하지만 이 이기적인 조직체계가 스타트업 하나를 돕기 위해 따라붙는 여러 조직을 설명할 때는 다르게 해석된다. 스타트업 카르텔에 해당하는 다양한 조직들은 업계 사람들을 단단하게 연결시켜주고 공생 관계를 유지시켜줄 뿐만 아니라 스타트업 생태계를 책임지는 중요한 역할을 맡는다. 따라서 여기에서의 '카르텔'은 꽤 긍정적이면서도 아주 중요한 핵심 키워드다.

이해를 돕기 위해, 스타트업 카르텔에 해당하는 조직들이 어느 단계에서 어떤 역할을 하고, 또 스타트업들은 이 조직으로부터 어떤 도움을 받게 되는지 설명해보겠다. 그전에 먼저 스타트업 생태계의 큰 흐름을 짚고 넘어가자. 스타트업은 단독으로 존재하기 힘든 기업 구조를 가지고 있다.

특히 초기 스타트업의 경우 더 그렇다. 열정과 아이디어, 폭발적인 성장 잠재력을 가지고 있지만, 경험, 자본 등이 현저하게 부족하기 때문이다. 그래서 필요한 것이 '스타트업 카르텔'이다. 이 견고한 조직은 때로는 엄마처럼, 때로는 선생님처럼 스타트업이 필요로 하는 것을 아낌없이 지원해준다. 설립에 필요한 여러 지식부터 공간 대여, 비즈니스 모델에 대한 피드백, 투자까지 하나의 기업이 제대로 자리 잡고 생존하는 데 필요한 모든 것을 말이다.

사실 과거 창업 시장을 보면 이런 조직이 결성되지 않았다. 조직은커녕 생태계가 제대로 태동하지 않은 상황이었다. 사업을 시작하려면 사무실 임대, 인력 채용, 투자 유치 등 모든 것을 혼자서 해결해야 했고, 또 창업자 자신이 초기자본을 모두 마련해야 했다. 그래서 "사업 실패하면 패가망신을 하고 신용불량자 되는 건 한순간."이란 말이 있는 것이다. 하지만 스타트업 카르텔이 만들어지면서 생태계가 완전히 다른 방향으로 바뀌기 시작했다. 일단 우수한 아이디어만 있으면 돈 한 푼 없이도 창업할 수 있게 됐다. 정부, 액셀러레이터가 초기 자금을 지원해주고 있기 때문이다. 3년 동안 최소 1억 원에서 최대 5억 원까지 지원받을 수 있다. 또 성실하게 사업했으나 실패한 경우라면 돈을 갚지 않아도 된다.

그뿐이랴. 정부에서 초기자본금뿐만 아니라 직원 2~4명이 함께 일할 수 있는 공간을 무료로 제공해주거나 소액의 관리비만 내고 쓸 수 있게 지원해주고 있다. 이외에도 사업을 진행하는 과정에서 필요한 멘토, 판로 개척, 재무회계, 마케팅, 투자 유치, 글로벌 진출 등 한마디로 창업에 필요한 종합선물세트를 제공한다. 자신이 사업을 시작하겠다고 콘센트에 플러그를 꽂기만 하면 곧바로 모든 것이 작동되는 시스템이 갖춰진 것이다.

이것이 바로 2019년 대한민국 스타트업의 현주소다. 자신의 팀과 아이디어, 그리고 최소 10년간 포기하지 않겠다는 굳은 다짐만 있다면 90%는 성공할 수 있다고 확신한다. 그렇다면 앞서 소개한 스타트업 카르텔들을 창업 후 어느 단계에서 만나게 되고, 어떤 도움을 받을 수 있는지 차근차근 살펴보자.

첫 번째 역: 코워킹 스페이스

스타트업을 시작하고 키우는 일이 하나의 긴 여정이나 여행이라고 한다면, 그 길목에서 처음으로 만나게 되는 것이 바로 '코워킹 스페이스Co-working space'다. 자, 당신이 여행을 떠났

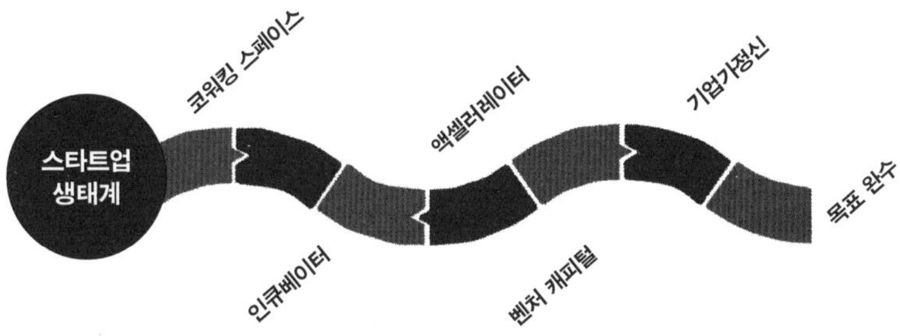

〔스타트업 생태계 흐름〕

다고 가정해보자. 최소 비용으로 움직여야 하는 상황이라 호텔이나 리조트, 거창한 숙소는 잡을 수 없다. 그럴 때 가성비 좋은 숙소로 어디를 고를까? 아마 '게스트하우스' 정도가 될 것이다. 비용이 다른 숙소에 비해 저렴하다는 것이 큰 장점이지만, 그밖에도 장소가 주는 여러 매력이 있다.

우선 1인실, 2인실, 4인실, 8인실 등 가격대별로 방이 다양하게 준비되어 있다. 또 주방이나 마당 등을 공용으로 쓰기 때문에 다양한 사람들을 만나 이야기를 나눌 수 있다는 것도 게스트하우스만의 큰 매력이다. 초기 단계의 스타트업들에게는 바로 코워킹 스페이스가 이런 게스트하우스 역할을 한다고 보면 된다. 자본은 좀 부족하지만 오피스가 필요한 초기 단계 스타트업 창업가들은 이 공간에 모여 아이디어를 공유하고 협업을 할 수 있다.

이 코워킹 스페이스가 스타트업 생태계의 중요 구성 요소이자, 제일 첫 단계로 자리 잡은 까닭은 사실 사회의 여러 변화와 맞물렸기 때문이다. 2000년대 중반, 닷컴 버블이 터지고 난 이후 웹 2.0이란 개념이 뜨기 시작했고, 다양한 웹 기반의 협업 도구들을 거의 공짜로 쓸 수 있게 되었다. 이것은 곧 사람들이 꼭 한 곳에 머물러 일할 필요가 없어졌다는 것을 의미한다. 노트북이 있고 인터넷만 터진다면 어디에서든

데이터베이스에 접근할 수 있고 일할 수 있도록 변했기 때문이다. 메신저는 물론이요, 드롭박스처럼 실시간으로 파일을 주고받으며 공동 작업을 할 수 있는 플랫폼까지 갖추어졌으니 동료들과 물리적으로 떨어져 있는 건 더 이상 제약이 아니었다. 몸은 떨어져 있어도 얼마든지 한 공간에서 '함께' 일할 수 있는 시대가 찾아온 것이다. 이 때문에 디지털 노마드(한 곳에 머물지 않고 돌아다니면서 원하는 일을 하는 사람들)족이 급증했다. 하지만 동료들과는 떨어져 있어도 혼자서 일할 최소한의 공간은 필요했다. 그래서 만들어진 것이 바로 코워킹 스페이스다.

스타트업의 중심지로 유명한 뉴욕과 샌프란시스코는 물가와 임대료가 살인적으로 높다고 알려진 도시다. 그 어떤 곳보다 스타트업을 하려는 사람들이 많았고, 만들고 싶은 아이템도 충분했으며, 함께할 팀까지 꾸렸으나 정작 사무실을 구하지 못하는 경우가 많았다. 스타트업 입장에서야 당장 매출도 안 나오고 언제 망할지도 모르는데, 몇 백만 원에 달하는 1년 치 임대료를 한 번에 내는 것은 너무나 큰 부담이었기 때문이다. 이렇듯 오피스 공간에 대한 수요가 커지면서 코워킹 스페이스가 생겨나기 시작했고, 덕분에 창업가들도 고충을 해결할 수 있게 됐다.

코워킹 스페이스는 장기간 사무실을 대여해주는 '비즈니스 센터'와는 좀 차이가 있다.

비즈니스센터(스타트업 오피스)의 경우, 우선 건물 한 층 전체를 통째로 임대하고, 1~6인실 등 공간을 나눈 다음, 재편성한 이 독립된 공간들을 다시 재임대하는 것이다. 그리고 임대료는 1년 기준이 아니라 한 달 기준으로 낸다. 당장 다음 달에 해체될 수 있는 스타트업의 특성에 딱 맞는 임대 시스템이다.

하지만 코워킹 스페이스는 이런 독립된 공간들의 집합체라기보다는 카페나 도서관에 더 가깝다. 사무실 가운데 커다란 책상 여러 개가 있고, 이 공간을 나눠 쓰면서 옆에 앉은 사람과 자연스럽게 소통하며 네트워킹을 할 수 있는 구조로 설계되어 있다. 조용하고 독립된 공간이라기보다 오히려 자유롭게 떠들면서 마음껏 자신의 아이디어에 대한 피드백을 주고받을 수 있는 분위기다. 따라서 이 공간을 잘 활용하면 인적 네트워킹을 쌓을 수 있음은 물론이고 다양한 최신 정보를 듣거나 자신의 팀에 필요한 인재를 발굴할 수도 있다.

두 번째 역: 인큐베이터

코워킹 스페이스가 독립적인 사람들이 모여 함께 일하는 공간이라면, 인큐베이터는 여기서 한걸음 더 나아간다. 인큐베이터는 코워킹 스페이스처럼 오피스 공간을 제공하지만 멘토링 프로그램도 제공한다. 바로 이것이 코워킹 스페이스와 차별화되는 지점이다. 다양한 액셀러레이터를 연결해주고, 적합한 멘토링 회사를 짝지어주면서 그들이 실무적으로 좀 더 성장할 수 있게 돕는다. 또 자체적으로 여러 행사를 기획하기 때문에 이곳에 있는 사람들은 다양한 정보도 얻을 수 있다. 서로가 하는 일을 소개하고 소개받는 '네트워킹 행사'도 이런 개념이다.

다만 요즘은 코워킹 스페이스와 인큐베이터, 즉 보육공간을 함께 두는 것이 공간 활성화에 도움이 크므로 경계를 구분하기는 쉽지 않다. 특히 인큐베이터는 입주기업의 어려움을 해소해주기 위해 멘토단을 운영한다. 내부인력이 코칭이나 멘토링을 해주는 것이 특징이다. 덕분에 창업자들은 일을 진행하면서 어려웠던 점들을 해소할 수 있다. 이렇게 보면 인큐베이터는 스타트업에게 부모와 같은 존재인 셈이다. 물리적 공간을 제공할 뿐만 아니라 그들이 자립할 수 있게 부모처럼 돕는 것은 사실 쉬운 일이 아니다. 어느 정도 경제력이 있어야 하고, 스타트업이 제대로 된 경제활동을 하기 전까지 일정기간 지원해주어야 한다. 그래서 스타트업 인큐베이터 뒤에는 보통 재단이나 대기업, 정부, 대학 등이 있다. 더 큰 자본이 인큐베이터를 지원하는 시스템이다. 디캠프는 은행권청년창업재단, 마루180은 아산나눔재단, 구글캠퍼스 서울은 구글, 드림플러스는 한화가 설립했다.

인큐베이터에 입주한 창업자들은 코워킹 스페이스에서 일할 때보다 조금 더 강한 연대감이나 공동체 의식을 느끼게 된다. 예를 들어 '디캠프', '드림플러스', '구글캠퍼스'처럼 한 기관이 운영하는 곳에 있다 보면 주체가 같은 프로그램을 듣기 마련이고, 또 관련 업계의 전문적인 멘토링을 함께 듣기 때문에 동질감을 쉽게 느낀다.

실제 업계 지인의 말을 들어 보면 같은 공간에 있더라도 독립적으로 업무를 하다 보면 스스로 대학 동아리나 아마추어처럼 여겨질 때가 있다고 한다. 동기부여도 잘 안 된다. 하지만 비슷한 목표와 생각을 가진 스타트업들이 한곳에 모여 커다란 공동체를 형성하고, 인큐베이팅을 받다 보면 한 사람 한 사람이 프로로서 열정적으로 무언가 만들고 있다는 인상을 받는다. 그러다 보니 같은 인큐베이터에 입주한 스타트업

끼리 자연스레 상부상조하는 관계가 형성되기도 한다.

팁스타운에 입주했었던 어느 스타트업 대표는 "대표는 어쩔 수 없이 외로울 때가 많다. 혼자만의 싸움을 하기 때문이다. 그런데 팁스타운에 있는 여러 스타트업 대표들끼리는 서로 그 마음을 이해하니 더 잘 뭉치게 된다. 덕분에 혼자서 싸운다는 생각이 잘 안 들어서 좋다."라고 말했다. 농담 반 진담 반이었지만, 인큐베이터라는 공간이 주는 가치를 단번에 이해할 수 있는 말이었다. 이런 동질감을 바탕으로 형성된 상부상조하는 관계는 서로가 필요한 부분을 채워주면서 큰 시너지를 발휘한다. 어떤 스타트업이 개발 과정에서 문제를 풀지 못하고 있으면, 옆에 있던 스타트업 개발자가 와서 도와주고, 같이 답을 찾아 문제를 극복하기도 한다.

세 번째 역: 액셀러레이터

업무 공간 대여 문제도 해결하고, 관련 업계 사람들과 인맥도 쌓다 보면 이제 자기 사업을 좀 더 정교하게 다듬어야 할 단계에 이르게 된다. 인큐베이터를 지나 세 번째로 만나게 되는 것이 '액셀러레이터'인데, 이곳이 바로 그러한 역할을 맡는다. 인큐베이터가 신생아의 호흡을 유지시켜 성장의 발판을 마련해주는 초기 동반자라면, 액셀러레이터는 스타트업이 제대로 성장 궤도에 진입할 수 있게 도와주는 훈련장 같은 곳이다.

인큐베이터가 법인 설립이나 세무적인 부분을 조언해준다면, 액셀러레이터는 비즈니스 모델과 같은 좀 더 사업에 필요한 전문적인 멘토링을 해준다. 인큐베이터는 공간이나 설비, 업무 보조 등 하드웨어 중심의 지원에 무게중심을 둔다면, 액셀러레이터는 창업의 지식과 경험, 비즈니스 인사이트를 알려주는 등 소프트웨어 중심의 지원을 한다고 생각하면 된다.

액셀러레이터의 멘토들도 대부분 창업을 해본 사람들로 구성되어 있다. 스타트업 창업가들에게 액셀러레이터는 '학교'나 다름없는 곳이다. '학생'인 스타트업이 이곳에서 무엇을 얼마만큼 얻어갈 수 있는지는 본인의 노력은 물론 '선생님'인 멘토와 파트너들의 실력과 경험의 폭에 달려 있다. 액셀러레이터는 보통 매주 온라인, 오프라인 만남을 통해 비즈니스 모델에 대한 피드백을 주면서 스타트업을 지원한다.

사업 모델에 대한 피드백뿐만 아니라 스타트업에 실질적인 투자를 하기도 한다. 이것 역시 인큐베이터와 크게 다른 점인데, 인큐베이터는 대부분 스타트업에게 입주 공간을 제공하고 간단한 멘토링은 하지만 금전적 투자는 하지 않는다. 반면, 액셀러레이터는 스타트업이 씨드 레벨 단계에 있을 때 초기 펀딩에 참여해서 소규모 지분을 취득하기도 한다. 투자자인 동시에 지분을 가진 주주인 셈. 그래서 스타트업이 좀 더 나은 성과를 낼 수 있게 자기 일처럼 돕는 성향이 있다. 그래서 액셀러레이터는 스타트업에겐 아주 중요한 존재다. 프로야구로 치면 9회 말 마무리 투수와 같다. 어떤 액셀러레이터를 만나느냐에 따라서 사업의 성패가 좌우되기 때문이다.

최근에는 인큐베이터와 액셀러레이터 역할을 동시에 하는 곳도 생겨나고 있다. 자금도 대고 공간 운영도 맡는 것이다. 그래서 인큐베이팅 기간이 끝나면 그동안 지켜보았던 스타트업들 중 유망한 스타트업에 투자를 진행하기도 한다. 우리나라는 중소벤처기업부 등록 심사를 통해서 액셀러레이터를 관리하고 있다.

네 번째 역: 벤처 캐피털

사업을 정교하게 다듬었다면, 이제 규모를 키우기 위해 적절한 자금이 필요하다. 여기까지 제대로 커왔다면, 이제 4번째 단계에서 만나게 되는 것이 벤처 캐피털(Venture capital, 줄여서 VC)이다. 벤처 캐피털은 쉽게 말해 금융자본이다. 벤처 캐피털리스트나 회사가 잠재력이 있는 벤처 기업에 자금을 대고 경영과 기술지도 등을 종합적으로 지원하는 것이다. 그들이 자금을 대는 이유는 하나다. 더 높은 자본 이득을 취하기 위함이다. 그래서 사업성이나 기업 가치를 평가하고, 거기에 합당한 규모의 자본금을 댄다. 보통 벤처 캐피털이 자금을 대는 스타트업은 기술력이 뛰어나지만, 경영이나 영업 노하우 등이 없는 초창기 기업인 경우가 많다.

사업을 시작한 지 1년차에 액셀러레이터를 통해서 시드머니, 즉 초기자금 1,000만 원~1억 원 정도를 투자받았다면 2~3년쯤 뒤에 VC를 만나게 된다. 기업의 규모가 어느 정도 크고, 매출이 발생하게 됐을 때 VC가 기업에 투자하게 되는데, 적게는 10억부터 시작해서 많게는 수백 억, 수천 억, 더 나아가 조 단위에 이른다. 이 투자 규모에 따라 시리즈A, B, C, D, 그 이상으로 구분한다. 쿠팡은 글로벌 큰손 손정의 소프트뱅크 회장으로부터 20억 달러, 한화로 따지면 약 2조 2,500억이 넘는 돈을 투자받았는데, 알파벳 순서에 따른 투자 차수로 명명한다면 시리즈H에 해당한다. 스타트업이 활성화되고, 투자액도 상당수 유치되면서 VC업체도 많이 늘어난 추세다. 그에 따라 기업 단계별로 주력 투자사들도 생겨났고, 투자 성격도 조금씩 다르다. 최근에는 '명문 VC 로드맵'까지 만들어졌을 정도다. 각 단계마다 투자 성격과 어떤 투자사를 만나면 좋을지 알아두면, 차근차근 단계를 밟아나가며 자기 기업에 맞는 훌륭한 VC를 만날 수 있다. 그러면 성장 단계별 특징과 주요 투자사가 어떤 곳이 있는지 살펴보자.

시드머니를 투자받는 초기 단계다. 뛰어난 아이디어를 비즈니스 모델로 다듬는 과정에서 스타트업은 프로토 타입을

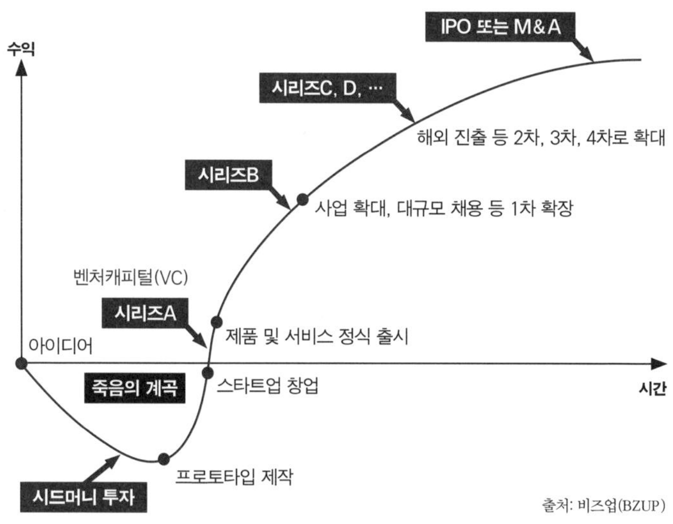

〔단계별 기업이 할 일과 투자 유치 과정〕

제작해야 한다. 이는 시제품과 비슷한 개념으로, 보통은 이 것을 가지고 투자자들을 설득해 초기자본을 유치하게 된다. 이 시기에는 제대로 된 매출은 발생하지 않으면서 개발 비용은 많이 들기 때문에 최소한의 자본을 마련하는 것이 무엇보다 중요하다. 그래야 정식 제품을 출시하고 시장 반응을 볼 때까지 버틸 수 있다. 이 시기에는 보통 프라이머, 매쉬업엔젤스, 롯데액셀러레이터, 넥스트챌린지, 스파크랩, 퓨처플레이, 스프링캠프 같은 투자사들에게서 초기자본을 지원받게 된다.

다음은 시리즈A 단계다. 시리즈A 단계부터는 소위 말해 매출이 뒷받침되어야 투자를 받을 수 있다. 이때 투자받게 되는 금액은 보통 50억 원 미만이다. 주요 투자사는 토스벤처스, 소프트뱅크벤처스, 뮤렉스파트너스, 켑스톤파트너스 등이 있으며, 블루홀, 쿠팡, 토스 등 스타트업에서 유니콘으로 성장한 기업들이 모두 이런 벤처 캐피털로부터 투자를 받았다.

다음은 시리즈B 단계이다. 이때는 보통 50~100억 원 정도의 규모로 투자를 받게 되는데, 창업자는 이 정도 투자를 받게 되면 '중소기업 사장' 정도 됐구나 생각하면 된다. 아마 안정적인 취업을 뿌리치고 스타트업을 시작해 고생했던 시간을 한순간에 보상받는 것 같을 것이다. 투자액이 커지는 만큼 보통 이 단계에서는 사모펀드와 벤처 캐피털을 같이 운영하는 대형 투자회사나 금융그룹, 대기업 산하의 VC들이 투자를 단행한다. 주요 투자사로는 한국투자파트너스, 에이티넘, IMM인베스트먼트, 스틱벤처스, 미래에셋 VC, KTB VC 등이 있다. 이 단계의 투자사들은 지분 투자보다는 주식과 채권을 동시에 보유하는 금융상품인 메자닌Mezzanine을 통해 안정적으로 투자하길 원한다. 창업자 입장에서는 조금씩 부담스러워지는 단계이기도 하지만, 잘 넘어가면 본격적인 유니콘 기업으로 성장할 발판을 마련하게 된다.

시리즈C 단계부터 그 이상은 투자액이 100억 원을 훨씬 뛰어넘는다. 사업성과 기업 가치를 제대로 인정받는다면, 수백, 수천, 많게는 조 단위까지 투자받을 수도 있다. 이때는 자본을 넉넉하게 확보하여 사업 규모를 확 키울 수 있는 기회다. 뿐만 아니라 이 단계에서는 실리콘벨리의 세콰이어캐피탈, 중국 심천캐피탈, 손정의 비전펀드 등 굵직한 글로벌 투자사들과 인연을 맺게 되는데, 그들의 네트워크에 접근할 수 있다는 것도 큰 장점이다. 다만 창업가가 이 단계에서 주의해야 할 것이 있다. VC와 스타트업 사이에도 일종의 '궁합'이라는 것이 존재한다. 투자액이 커질수록 자본금의 규모나

쫓기는 듯한 일정 때문에 투자사의 손을 덥석 잡아서는 안 된다. 그보다 자신에게 투자하려는 회사나 투자가가 내 회사의 사업 방향이나 정체성을 잘 이해하고 있는지, 지지해주려고 하는지 따져보아야 한다. 이를 충분히 고민한 다음 '진정한 동반자'라는 생각이 드는 VC를 선택해 투자받아야 나중에 불협화음 없이 사업을 이끌어나갈 수 있다.

이렇게 단계별로 여러 벤처 캐피털의 투자를 받기도 하지만 최근에는 아예 액셀러레이터 단계에서 해외 투자를 받기 위해 준비하는 스타트업들도 있다. 대표적으로 뷰티커머스 플랫폼 업체인 미미박스가 있다. 이 회사는 2014년 실리콘벨리로 넘어가 미국의 대표적인 스타트업 액셀러레이터인 와이콤비네이터의 육성프로그램을 최우수 성적으로 마쳤다. 이후 1,000억 원 매출을 올리며 존슨앤드존슨 계열 벤처캐피털 JJDC Johnson & Johnson Development Corporation에게서 3,500만 달러(한화로 약 395억 원)를 유치했다.

실제 한 VC업계 관계자는 "해외에서 선투자 유치 사례가 급증하고 있다. 영어로 소통이 가능하다면, 아예 실리콘벨리에서 투자를 받는 게 추후 계속 자본을 유치하는 데 용이하다."라고 말한다. 한국에서는 투자를 못 받았는데 미국에서 투자를 받는 경우가 종종 있다. 한국 VC 투자자와 미국 VC

투자자의 사고 차이에서 비롯된 것일 수도 있으나, 사실상 실리콘밸리가 투자 경험이 많으니 해외 투자를 노려보는 것도 스타트업 입장에서는 좋은 방법이 될 수 있다.

프로야구에서는 경기에서 승리하기 위해 필승조를 꾸린다. 여러 변수가 있겠지만 기본적으로 기량이 가장 좋은 1~2순서의 선발 투수 → 셋업맨(중간 계투) → 마무리 투수를 적재적소에 배치해야 경기를 승리로 견인하는 데 유리하다. 스타트업도 프로야구와 비슷하다. 선발 투수(팀 빌딩) → 셋업맨(인큐베이팅) → 마무리 투수(액셀러레이터와 VC)를 잘 배치하고, 제때 움직여주고, 필요한 자본을 유치해야 기업을 성공적으로 키울 수 있다. 프로야구에서 누구 한 명이라도 제 몫을 해내지 못하면 훌륭한 4번 타자가 있어도, 막강한 1~2펀치 선발 투수가 있어도 승리를 장담할 수 없다. 따라서 스타트업도 성장 과정의 큰 흐름과 어느 때 투자 유치를 해야 하는지 잘 인지하는 것이 중요하다.

전 국민이 애용하는 배달 애플리케이션 '배달의 민족'을 만든 기업 우아한 형제들은 제때 투자 유치를 이끌어내면서 순항 중이다. 2011년 본엔젤스파트너스로부터 3억 원을 투자받았고, 꾸준히 회사를 성장시켜 2018년에는 글로벌 투자자로부터 3,600억 원을 투자받았다. 그사이 기업 가치는 3조 원으로 늘어났으며, 유니콘 기업의 반열에 올랐다. 그림을 보면 우아한 형제들의 각 단계별 투자 유치 경로를 알 수 있다.

본엔젤스파트너스로부터 시드머니 3억 원 유치 → 시리즈 A, B, C(알토스벤처스, IMM인베스트먼트, 스톤브릿지벤처스) 단계를 거치며 20~120억 원 유치 → 시리즈D(골드만삭스) 단계에서 400억 원 유치 → 시리즈E(중국의 힐하우스캐피탈 그룹, 네이버, 세콰이어캐피탈, 싱가포르투자청 등 글로벌 투자자들) 단계에서 500~3,600억 원을 유치했으며, 최근 독일의 딜리버리히어로DH가 우아한 형제들의 기업 가치를 40억 달러(약 4조 7,500억 원)로 평가하며, 투자자 지분의 87%를 인수했다.

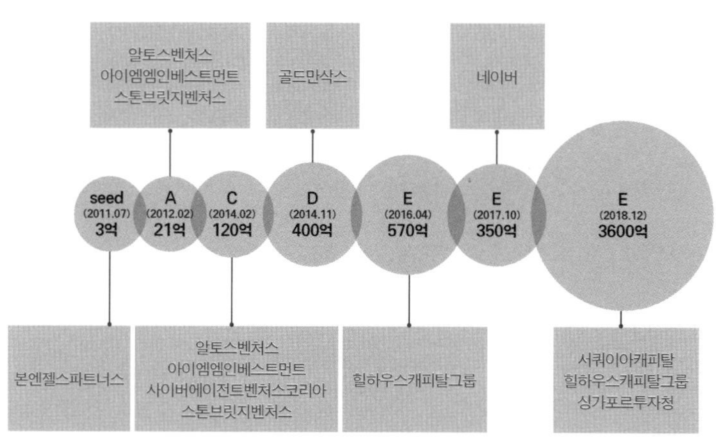

출처: THEVC

〔우아한 형제들 단계별 투자 유치 현황〕

DH는 베를린에 본사를 둔 독일 기업으로, 지난 2011년 설립 이후 가파른 성장세를 보여왔다. 2012년 독일 업체 리퍼헬트를 인수한 데 이어 영국의 헝그리하우스, 터키의 예맥세페티 등을 인수한 DH는 2011년 한국에 자회사를 설립해 배달 애플리케이션 '요기요'를 선보였다. 이후 배달통과 푸드플라이를 인수하는 등 빠르게 확장해왔다. 이로써 DH는 업계 1위와 업계 2위 애플리케이션을 모두 손에 쥔 셈이다.

창업자들을 뛰게 하는 기업가정신

지금까지 스타트업 생애의 큰 흐름, 한 기업이 성장하고 목표에 도달하기까지 거쳐야 하는 여러 단계를 소개했다. 각 단계를 제대로 거치며 비즈니스 모델을 개발하고, 투자를 받고, 서비스나 물건을 세상에 내놓는 일은 매우 중요하다. 하지만 기업이 살아남아 목표까지 나아가는 데 가장 중요하고도 또 필요한 것은 이 단계 요소들이 아니다. 그 기업을 이끄는 사람이다. 창업가가 첫 번째일 것이고, 핵심 인력들이 두 번째일 것이다. 그래서 인재를 발굴하고 키우고 회사의 중추로 키워내는 일은 성장으로 가는 보증수표와 같다.

초기 스타트업은 자본이나 기술력, 경영 능력만큼이나 인재 툴도 빈약하다. 적은 인원으로 빨리 시작할 수 있다는 것은 장점인 동시에 단점이다. 왜냐하면 그만큼 한 사람이 다수의 몫을 해내야 하기 때문이다. 1인 3역은 기본이다. 이런 상황에서 조직의 능력을 극대화하는 가장 빠른 방법은 결국 하나다. 훌륭한 팀원을 구하는 것. 그리고 그 팀원이 최선을 다해 일하고 최고의 성과를 낼 수 있도록 동기를 부여하고 독려하는 것. 이것이야말로 기업이 생사를 오고가는 죽음의 계곡 구간을 극복하는 유일한 길이다.

기업이 커질수록 CEO는 가능성 있는 사업을 키우고 시스템을 안정시키는 일만큼이나 또 다른 리더를 발굴하고 끌어들이고 훈련시키는 일을 중요하게 여겨야 한다. 리더만 잘 키워서 지금까지의 일을 일임할 수만 있어도 회사는 잘 클 수 있다.

브라이언 트레이시가 쓴《위대한 기업의 7가지 경영습관》에 따르면, 뚜렷한 비전과 계획을 갖고 있는 스타트업 창업자는 그렇지 않은 경쟁자보다 더 많은 것을 더 빨리 이루어낸다고 한다. 스타트업의 모든 구성원이 창업자가 제시하는 미래상을 정확히 인지하고, 그것을 실현하기 위해 전략적 비전을 세워 움직일 때 기업은 한걸음 더 나아갈 수 있다. 또한 그 목표를 뒷받침하는 기업의 철학과 정체성이 바로 설 때 더 큰 시너지 효과가 발생한다. 여기에서 기업의 철학과 정체성에 해당하는 것이 바로 기업가정신이다. 실제 뛰어난 창업가는 평범한 팀원에게 목표를 제시하고 그의 열정을 자극해서 성과를 이끌어내는 사람이다. 물론 그 팀원의 열정을 자극하려면 먼저 조직과 구성원에게 헌신하는 모습을 보여야 한다. 밑바닥에서 배운 생존기술로 30대 중반에 매출 400억을 만든 된 ㈜CI GROUP 노태경 대표는 기업가정신을 다음과 같이 정의한다.

1. 근본을 알아야 한다: 우리가 태어난 나라와 나라의 본질, 기업을 시작할 수 있는 배경과 목적을 알아야 한다. 우리는 민주주의와 자본주의의 시스템 속에서 태어났다. 대한민국 국가의 시스템을 알아야 하고, 대한민국 시스템 속의 꽃은 기업이다. 기업의 리더가 기업가라는 것을 마음속 깊이 인지해야 한다.

2. 목적을 알아야 한다: 단순히 돈을 벌려는 목적이 아니라 기업의 근본이 무엇인지, 왜 존재해야 하는지 알아야 한다. 기업은 이윤을 내는 것 외에

도 고용을 창출하고 공공재 배분과 분배, 세금을 내는 등 개인이 할 수 없는 역할을 수행해야 할 의무가 있다. 돈 이외에 더 큰 부가가치를 창출해야 한다는 사실을 알아야 한다.

3. 이윤을 창출해야 한다: 단순히 돈을 버는 게 목적이 되어서는 안 되지만, 어찌 되었든 기업은 이윤을 내야 한다. 그렇게 하기 위해서 뛰어난 기업가의 욕심을 이용할 수 있다. 기업가는 이윤을 창출하는 집요함으로 기업이 존속될 수 있도록(이윤이 지속적으로 나야 기업이 오래 존속함으로) 항시 생각하고 최선을 다해야 한다.

4. 이윤은 서비스 제공에 대한 대가임을 알아야 한다: 이윤은 노동량에 비례하지 않는다. 예를 들면 건설회사 인부의 육체적 노동량이 많지만, 그렇다고 해서 반드시 노동량 대비 이윤이 커지는 것은 아니다. 그럼에도 사장은 그 노동량에 대한 대가를 지불해야 한다. 직원이 가족들과 생활할 수 있도록 급여체계 시스템을 만들어서 보상해야 하며, 그밖에도 직원들을 위한 다양한 복지 시스템을 만들어서 제공해야 한다.

5. 기업이 유지되는 건 모두의 '덕'이라고 여겨야 한다: 기업은 고용 창출, 세금 납부 등으로 자신들이 벌어들인 이익에 대한 사회적 환원을 한다. 하지만 기업이 성장하는 데 다른 외적인 요소들의 덕도 보았을 것이다. 이것을 인지하면서 후진 양성, 새로운 시스템을 개발해서 공유하려는 노력을 해야 한다.

결국, 기업가정신의 핵심 요소를 종합해보면 목표Purpose, 열정Passion, 성과Performance가 가장 중요한 셈이다. CEO의 역할은 자신의 목표와 열정 사이에 균형을 잡는 것이고, 이 둘을 얻었을 때 비로소 팀은 움직인다. 팀원들 역시 기업의 목표와 열정을 동시에 발견할 때 최고의 성과를 올릴 수 있다. 팀원들이 업무에 흥미와 열정을 느끼게 만들려면 먼저 창업자가 스스로 많은 흥미와 열정을 갖고 행동으로 보여주어야 한다. 그래야 팀원들이 동기 부여를 받고 기존의 성과를 훌쩍 뛰어넘을 수 있다. 그리고 이 과정에서 진정성 또한 만들어진다. 자신이 완벽한 존재가 아니라는 사실을 솔직히 인정할 때 드러나는 이 진정성을 제품과 서비스에 담을 수 있다면 그 어떤 마케팅보다 강력한 힘을 지니게 될 것이다.

변종의 늑대가 보여주는 성공법칙 '운둔근'

우둔함과 끈기, 그리고 운이 하나가 된다는 것

'운둔근(運鈍根)'

삼성그룹 창립자인 고(故) 이병철 회장의 좌우명이다. 사람이 성공하려면 운이 따라야 하고, 고의적으로 주변에 신경을 끄는 등 다소 우둔해야 하며, 근면 성실하게 일에 매달려야 한다는 의미이다. 기업가정신이나 개개인의 능력도 중요하지만, 이러한 운둔근이 존재하지 않으면 성공할 수 없다. 그래서 이 말은 나도 개인적으로 가장 좋아하는 말이다. 실제 삶에서 이 말이 어떤 작용을 하는지 몸으로 경험했기 때문이다.

이 운둔군은 한국인 특유의 기질인 '은근과 끈기'와도 일맥상통한다. 스타트업 강국이라고 불리는 핀란드 사람들이 가장 높게 사는 가치인 '시수Sisu'와도 매우 비슷하다. 시수는 '투지, 끈기, 용기와 회복력'이라는 의미인데, 핀란드 사람들이 인생에서 가장 주도적인 가치라고 여기는 것이다. 그렇다면 이것이 스타트업을 하는 사람들에게는 어떤 이점으로 작용할까. 지금부터 이 역량을 잘 활용해 성공한 국내 스타트업 3곳을 소개해볼까 한다. 이 기업들은 유니콘 기업으로 성장할 만큼 크게 성공한 것은 아니다. 하지만 그만큼 성장할 가능성이 충분하거나 해외 진출의 발판을 확실히 마련한 기업, 국내 여러 기업이나 공공기관을 통해 충분히 검증된 기업임에는 틀림없다. 최소 100억 원의 투자를 받은 이력이 이를 증명해준다. 이 정도면 초기 스타트업을 하는 사람들도 벤치마킹을 하기에 용이할 것이다. 기업가정신 다음으로 목표지점까지 닿는 데 가장 필요한 역량, 운둔근. 그것이 당신과 기업을 어떻게 이끄는지 다른 CEO들의 모습을 통해 살펴보자.

어리석은 새가 멀리 가다

첫 번째 기업은 ㈜에버스핀(대표 하영빈)이다. 애플리케이션이나 소비재가 아닌 보안 솔루션을 만드는 회사이기 때문에 일반인들은 잘 모를 수 있다. 하지만 이 회사는 유니콘 기업을 넘어 그 경제적 가치가 10조 원을 뛰어넘는 데카콘 기업을 꿈꿀 정도로 뛰어난 기술력을 가지고 있다. 2018년 기준 총 290억 원의 누적 투자를 받았으며 최근 국내 시장을 넘어 일본 금융그룹 SBI 홀딩스 전 계열사에 보안 컨설팅 서비스를 독점 제공하고 있다. 여기에서 발생하는 수익만 최소 3년간 30억 원에 달한다.

그뿐만 아니라 2020년 룩셈부르크에서 개최되는 스타트업 경진대회인 'ARCH Summit 2020' 국내 예선에서 1등을 하기도 했다. 이 회사는 세계 최초로 '다이나믹 보안 기술'을 개발해 해킹을 완벽하게 차단한다. 2016년도 우리은행이 보안 시스템 입찰에 참여한 업체들을 테스트한 결과, ㈜에버스핀만이 1,458번의 해킹을 막아낸 유일한 기업이었다. 그 결과 신생업체이자 스타트업인 에버스핀은 우리은행의 첫 번째 고객이 되었다. 더불어 '인도의 국민 애플리케이션'이라고 불리며 6,000만 유저를 확보하고 있는 송금 및 결제 애플리케이션인 '트루 밸런스'에도 에버스핀의 기술이 적용되고 있다.

이 스타트업의 성공 요소에는 많은 것이 있겠지만, 창업과 경영의 과정, 심지어 창업자의 인생을 들여다보면 '운둔근'이 큰 역할을 했다. 우선 '둔(鈍)'이다. 둔은 주변의 상황 변화, 누군가의 평가에 좌지우지되지 않는 다소 둔감한 태도로 우직하게 간다. 즉 "어리석은 새가 오히려 멀리 난다!"라는 말이다.

사실 에버스핀이 가진 다이내믹 보안 기술은 이론적으로만 구현이 가능할 뿐 사실상 "구현이 불가능하다."라는 평가를 받던 기술이다. 애플리케이션이 실현될 때마다 보안모듈이 변해서 해킹할 시간 자체를 주지 않는 것이 이 기술의 핵심인데, 그것이 불가능하다는 것이다. 그동안 많은 업체가 이 기술을 개발하기 위해 시도해왔지만, 실제로 현실에 적용하는 데 어려움을 겪었다. 하지만 모두가 NO를 말할 때, 하영빈 대표는 이를 무시하고 YES만 생각했다. 그 결과 주변의 우려와 걱정을 완전히 불식하고 개발에 성공할 수 있었다.

두 번째는 '근(根)'의 정신. 2009년에 이미 한 차례 창업했지만 실패를 맛본 대표는 핀테크 관련 보안 기술을 개발하는 데 주력했다. 하지만 주목하는 사람은 없었다. 1년 동안 사업은 계속 침체기를 겪었고, 결국 인증기술에서 보안기술로 전환하면서 그때부터 빛을 보기 시작했다. 이런 근성은 창업 과정뿐만 아니라 창업자의 삶에서도 여실히 드러난다. 하영빈 대표는 어려워진 집안형편 때문에 스무 살 때부터 건축현장에서 노동자로 일했다. 케이블 설치기사, 식당에서 접시 닦기 등 할 수 있는 일은 닥치는 대로 했다. 남들보다 대학을 1년 늦게 들어간 것도 돈을 벌기 위해서였다. 하지만 그와중에도 그는 꿈을 잃지 않았고, 창업해서 끝끝내 성공을 맛봤다.

이 과정에서 회사는 '운(運)'도 따랐다. 전 세계에서 이 기술 개발에 도전해 성공한 기업은 단 한 곳도 없었다. 하지만 그는 없던 시장에 뛰어들었고 또 성공했다. 어떻게 보면 뛰어드는 행위 자체가 운이 따랐던 것일 수도 있는 셈. 스타트업의 경우 치열한 레드오션 시장에 뛰어드는 것은 그 자체가 경쟁력을 약화시키는 요인이 될 수 있다. 하지만 에버스핀에는 정확한 시장을 찾았고, 행운의 여신까지 따랐다.

고시 포기한 법대생의 눈물 나는 분투기

두 번째 기업은 모바일 식권 서비스 '식권대장'을 운영하는 ㈜벤디스(대표 조정호)이다. 이 기업은 현재 300여 개 국내 기업과 거래하고 있으며, 주요 고객사로는 아시아나항공, 애경산업, 에어부산, 한국공항, 현대오일뱅크 등이 있다. 이 기업도 사실 따지고 보면 운둔근의 성공법칙이 제대로 구현된 스타트업이다. 대표가 시장을 보는 눈도 탁월했지만, 이 플랫폼을 구현해서 성공시킬 수 있었던 것은 그만큼 모바일 기술이 발달하고, 수요가 존재했기 때문이다.

과거 회사의 모습을 한 번 상상해보자. 직원식당에서 밥을 먹으려면 무엇을 냈는가? 종이 식권이나 법인 카드로 결제했다. 하지만 모바일 기술이 식권에 접목되면서 식권대장 플랫폼은 이 판을 단번에 뒤집었고, 또 성공했다. 매일 5만 명의 직장인들이 식사할 때마다 식권대장의 애플리케이션을 이용한다는 사실은 이 기업의 가치가 얼마나 높은지를 실감하게 한다.

지난 2018년에 열린 강원도 평창동계올림픽과 패럴림픽 당시에도 식권대장은 총 60일 동안 1만 5,000명의 식대 거래를 책임졌으며, 거래금액만 35억 원에 달했다. 애초 올림

픽 조직위원회가 책정한 예산 중 5억 원을 절감하게 해줬으니 조직위원회에서는 반색을 하지 않을 수 없었다. 기업 고객을 대상으로 만족도를 설문 조사한 결과에서도 식권대장은 우수한 성적을 받았다. 담당자의 식대 업무량이 무려 60% 가까이 줄어들었고 식대 비용은 평균 18% 이상 절감됐다. 직원들의 만족도 역시 10점 만점에 8점을 넘었다. 이런 결과를 미루어볼 때 향후 더 많은 예비 기업 고객들이 이 식권대장 서비스를 사용할 일만 남은 셈이다.

공식적인 국가 행사에서 찾을 만큼 인정받고, 서비스를 이용하는 고객사의 만족도도 높은 회사니 그 레퍼런스는 더욱 다채로워질 것이다. 성공한 스타트업 '배달의 민족'도 이 회사에 투자했으며, 유치한 자본이 107억 원에 달한다. 관련 식문화 업계에서도 성공 가능성을 매우 높게 평가받고 있으며, 벤디스 역시 관련 기업에 투자할 정도로 앞서나가고 있다.

시대를 잘 타고나서 이 기회를 정확히 잡아낸 것도 큰 몫을 했지만, 사실 이 회사의 운둔근 법칙은 따로 있다. 한마디로 표현하면 '고시를 포기한 한 법대생의 눈물 나는 분투기'라고 할 수 있다. 2009년 당시 법대를 다니고 있던 조정호 대표는 부모님과 주변의 기대를 저버리고 고시 한 달을 앞둔 시점에 시험을 포기, 창업전선에 뛰어들었다. 소규모 점포의 포인트를 적립해주는 사업을 시작했다가, 모바일 상품권 서비스로 전환해 운영해봤지만 모두 실패했다. 이 두 번의 시도가 실패하면서 그에게 남은 것은 5,000만 원이란 빚뿐이었다.

그러나 그는 빚이 자신의 인생을 집어삼킬 것이라고 생각하진 않았다. 바로 이 지점에서 조정호 대표의 둔(鈍)과, 근(根)의 역량이 동시에 발휘되었다. 5,000만 원의 빚에 둔감해하면서 동시에 '이깟 빚이 별거야?'라고 생각하는 배짱. 이것은 아무나 할 수 있는 게 아니다. 거기다가 별다른 성과 없이 3번째 사업에 연이어 도전한 끈기도 사업가로서 높게 평가받을 역량이다.

특히 거의 비슷한 시장에서 점점 더 자신을 진화시켜나간 것이 그가 가진 근(根)의 힘이기도 하다. 사실 비슷한 시장에서 2번 정도 실패하고 나면 다른 분야로 바꾸고 싶은 마음이 굴뚝같을 텐데. 그는 포기하는 대신 끈기를 가지고 더 집요하게 그 분야를 팠다. 지금의 식권대장을 있게 한 B2B 사업으로 전환했을 때만 해도 사실 곧바로 이 사업 아이템이 성공한 것은 아니다. 무려 200여 개가 넘는 이메일을 보내도 응답하는 회사가 거의 없었기 때문이다.

그러다 연락이 닿은 직원 80명 규모의 IT 회사. 이 회사의 담당자 역시 듣도 보도 못한 스타트업에서 제시하는 식권대장 서비스를 처음에는 무시했었다. 하지만 조 대표는 포기하는 대신 그 담당자에게 "딱 일주일만 테스트할 기회를 달라."고 요구했다. 밤을 새우며 오류를 해결하고 서비스를 제공한 결과, 드디어 식권대장은 첫 번째 기업 고객을 확보할 수 있었다.

이러한 은근하고 끈질긴 노력이 계속되자 그때부터 드디어 운(運)이 찾아오기 시작했다. 한 벤처 캐피털에서 연락이 왔는데, 사실 조 대표는 그때만 해도 누군가 자기 회사에 투자할 것이라는 생각을 하지 못했다. 그래서 투자자를 미팅할 때도 가볍게 소풍 가는 마음으로 찾아갔었다. 하지만 놀랍게도 담당자는 곧바로 우아한 형제들의 투자 담당자를 연결해줬다. 그 결과 무려 7억 원이라는 초기자본금을 확보할 수 있었다. 이제까지 해온 노력이 드디어 행운을 불러들이기 시작한 셈이다.

우연한 생각이 성공을 부른다

세 번째로 소개할 기업은 ㈜힐세리온으로, 청년창업사관학교 2기 출신이다. 이 회사는 휴대용 무선초음파진단기를 개발한다. 기존의 진단기는 매우 커서 휴대하기가 불가능했는데, 이 회사에서 개발한 무선초음파진단기는 전기면도기보다 약간 큰 정도라 의사가 늘 휴대하면서 응급상황이 발생했을 때 편리하게 사용할 수 있다. 제품 크기를 100분 1로 줄였으니, 가격도 기존 제품의 10분의 1로 줄일 수 있었고, 그 덕에 '파괴적 혁신'을 단행한 제품으로 평가받는다. 중소벤처기업부, 기술보증기금으로부터 '예비 유니콘 기업'으로 지정되어 앞으로 어느 정도 성공이 보장되었다고 봐도 무방하다. 현재 이 제품은 전 세계 40여 개국에 판매되고 있으며, 글로벌 진출도 매우 성공적이라고 할 수 있다.

이 회사의 류정원 대표를 설명할 때에는 다음과 같은 수식어가 늘 따라다닌다. '멘사회원', '아이큐 156', '의사 출신'이 바로 그것. 물론 이런 훌륭한 배경 때문에 그가 더 쉽게 사업을 성공시킨 것이라고 생각할 수도 있다. 하지만 뛰어난 지능이 반드시 사업 성공으로 이어지는 것은 아니다.

1920년대 한 심리학자는 뛰어난 지능이 정말 우월한지 파헤치기 위해 1,470명의 지능 높은 아이들을 선정, 그들의 삶을 평생 추적하는 연구를 해왔다. 하지만 결과는 참담했다. 그가 추적한 지능이 뛰어난 아이들 중에 판사, 주의원, 대법관이 된 아이들도 분명 있었지만 그 수는 극소수에 불과했다. 대부분은 평범한 직업을 가지고 있었으며, 노벨상 수상자는 단 한 명도 배출되지 않았다. 오히려 아이큐가 낮아서 연구에서 배제했던 아이들 중 노벨상을 받은 사람이 2명이나 있었다.

결국 그는 후속 연구를 통해서 이렇게 고백했다. "지능과 성취도 사이에는 어떠한 상관관계도 없다." 그러니 류 대표의 똑똑한 머리와 사업적 성공이 반드시 관련이 있다고 할 수는 없다. 그보다 편견 어린 시선을 거둬내고 그의 삶을 좀 더 들여다보면 그가 받은 영광만큼이나 시련과 고난도 뒤따랐음을 알 수 있다.

사실 그는 공부에 큰 관심이 없었다. 그의 고3 담임은 그가 2년제 전문대도 가지 못할 것이라고 했었다. 첫 시험 결과는 40명 중에 39등. 다행히 막판에 열심히 공부한 덕에 겨우 4년제 대학에 진학할 수 있었다.

사업 역시 첫 번째는 대차게 실패했다. 디지털 비디오 레코더 개발회사를 창업했지만 닷컴 버블이 꺼지면서 대규모 딜이 깨져버렸고 결국 사업을 접을 수밖에 없었다. 그 뒤로는 총 8개의 직업을 갖게 됐고, 엔지니어링을 배우면서 좀 더 심도 깊은 기술에 접근하기 시작했다.

그러다가 의학전문대학원이 생긴다는 말을 듣게 됐는데, 그는 무슨 생각인지 불현 듯 의사의 길을 선택했다. 의사가 되고 나서 그가 자원한 근무지는 '국경없는 의사회'. 좀 더 나은 환경을 두고 우범지대, 비상식적인 환자들이 수시로 드나드는 열악한 환경으로 직접 걸어 들어가 일했다. 그때 그가 배운 것은 의사로서의 역량도 있었지만, 무엇보다 '이것은 큰일이 아니다. 반드시 해결할 수 있는 방법이 있다.'라는 맷집이었다.

이런 그의 인생항로에서 역시 돋보이는 것이 바로 '둔근(鈍根)'이다. 뒤처지는 듯하다가 뒤따라가는 끈기, 8개의 회사를 거치면서 기술을 배우고 실패에도 좌절하지 않는 것, 그리고 최악의 의료 환경에 놓였던 순간에도 흔들리지 않고 자신을 믿는 모습 말이다.

그러다 보니 드디어 그에게도 창업을 위한 '운(運)'이 들어왔다. 어느 날 응급실로 환자가 한 명 실려 왔는데, 만삭의 지체 장애 여성이었다. 그런데 함께 온 보호자인 남편 또한 지체 장애인이었다. 심폐 소생술로 겨우 생명을 살리기는 했지만, 장비가 마땅치 않아 더 큰 병원으로 옮겨야 하는 상황. 하지만 이것을 환자나 보호자에게 설명하는 것 자체가 힘들었다.

그때 그는 이런 생각이 떠올랐다. '병원의 큰 장비를 휴대기기처럼 작게 만들면 어떨까? 그러면 위급한 상황에 놓이더라도 병원을 옮기지 않아도 될 텐데.' 바로 이런 우연한 생각이 '예비 유니콘 기업' 힐세리온의 출발점이었다.

운둔근(運鈍根)을 따져보면 '성공'의 본질과 잘 맞아 떨어진다. 성공, 즉 지금의 상태보다 훨씬 더 풍요롭고 높은 상태로 올라가려면 반드시 그럴 만한 '성장'이 전제되어야 한다. 초·중·고등학교를 거치지 않고 대학을 진학할 수 없듯, 둔(鈍)과 근(根)을 통해서 한 분야를 깊게 파고, 그 분야의 생리를 알고, 암묵지까지 갖추다 보면 비로소 성공에 필요한 '성장'을 할 수 있다. 하지만 스스로 성장만 한다고 해서 또 성공할 수 있는 것은 아니다. 새로운 기회나 장(場)도 마련되어야 한다. 투자자를 만날 기회, 멘토의 마음을 끌어당길 기회 등 뭔가 지금의 상태를 흔들어줄 수 있는 새로운 길이 열려야 한다. 이것이 여기서 말하는 운(運)이다.

이 운은 아무에게나 찾아오지 않는다. 둔(鈍)과 근(根)을 통해서 꾸준하게 한 자리를 지키고, 자신을 알려나가는 사람에게만 찾아오는 법이다. 그것이 우연처럼 보일지는 모르지만, 사실 따지고 보면 둔(鈍)과 근(根)이 뒷받침되었기에 가능한 일이기도 하다.

그래서 행운은 우리 손으로 만들 수 있다. 운둔근. 어쩌면 이 역량은 과거 창업자들에게만이 아니라 지금 스타트업을 준비하는 사람들에게도 꼭 필요하다. 변하지 않는 성공법칙과 같은 것이기 때문이다. 이 역량을 갖춘 스타트업들이 성공하여 자신의 비결을 더 많은 사람들에게 알려나갈 수 있다면, 국내 스타트업의 성장은 더욱 빛나는 미래를 향해 달려갈 수 있을 것이다.

세계적인 기업을 만들어낸 마윈의 경영 철학, "어리석은 새가 더 멀리 날아간다."라는 말을 잊지 마라.

스타트업으로 생존력을 배우는 청년들

통곡의 벽을 넘어서기 위해

스타트업의 생리를 알고, 이를 성공시키기 위해 여러 경험을 하다 보면, 단순히 돈을 버는 데 필요한 역량만이 아니라 인생을 살아가는 데 도움이 되는 수많은 역량을 기르게 된다. 그래서 그 어떤 교육보다 스타트업 경험을 통한 교육이 인생을 성공으로 견인하는 데 으뜸이라고 확신한다. 그렇다면 스타트업을 하면서 가장 나 자신을 단단하게 해주는 역량이 무엇일까. 그것은 바로 '생존력'이다.

초중고와 같은 정규 교육과정은 사회생활에 필요한 최소한의 준비과정이다. 이것을 잘 준비하는 것도 중요하지만,

그렇다고 이 교육과정이 반드시 삶의 성공으로 직결되는 것은 아니다. 오히려 살아가는 데 가장 중요한 능력은 포기하지 않고 끝까지 살아내는 것, 자신이 꿈꾸는 삶으로 계속 나아가는 것이다. 이것이 바로 '생존력'이다. 수많은 명사와 전문가들이 열정을 갖고 꿈을 꾸라고 말해왔지만, 나는 그것보다 더 중요한 것이 그 열정을 유지하고 계속 꿈을 꾸면서 그것들을 지키는 힘을 기르는 것이라고 생각한다.

살아남아야 하겠다는 강렬한 마음은 그 자체로 열정이고, 또한 삶을 더욱 고양시키는 꿈이다. 그래서 스타트업 창업자들에게 가장 필요한 역량이 생존력이고, 스타트업을 하면서 가장 강력하게 배울 수 있는 것 또한 생존력이다. 이것만으로도 그들은 대단한 성과 하나를 내고 있는 셈이다.

유대민족에게 배우는 개인의 성공법칙

유대인들은 인류 역사상 가장 많은 핍박을 받은 민족이다. 2차 대전 이전까지만 해도 1,800만 명에 가까웠으나, 홀로코스트를 거치면서 1,000만 명으로 줄어들었고, 지금은 1,400만 명 정도 유지되고 있다. 스스로 유대인임을 드러내지 않고 현재 자신이 속한 국가의 국적으로 살아가는 사람까지 전부 합쳐봐야 2,000만 명이 조금 넘는 수준이다. 우리나라 인구가 5,000만 명인 것과 비교하면, 그 수가 매우 적어 보이는데, 실제 전 세계 인구 중 차지하는 비중을 봐도 0.3%에 그친다.

하지만 적은 인구수에 비해 그들이 세계에서 행사하는 영향력은 매우 막강하다. 쉬운 예를 들어 보면, 역대 노벨상 수상자의 22%가 유대인이거나 유대인 가문 출신이다. 미국 연방준비제도의 역대 의장 15명 중 11명이 유대인이고, 전 세계 억만장자의 3분의 1이 유대인이다. 미국 금융시장을 움직이고 있는 것도 극소수의 유대인이라는 사실은 이제 굳이 말하지 않아도 많은 사람이 알고 있을 정도다. 이런 행보 때문인지 유대인을 무시하는 나라가 없다. 오히려 어떤 이들은 두려움마저 갖는다.

유대인의 이토록 놀라운 성과와 성공 뒤에는 오랜 시간 받아왔던 박해를 이겨내기 위한 끈질긴 생존력이 존재한다. 사실 유대인들의 역사 전체를 놓고 보면 박해받고 학살당한 것이 2차 세계 대전만은 아니다. 1940년대에도 유럽에서 박해받아 네덜란드로, 떠날 수밖에 없었고, 1980년대에도 러시아에서 박해받아 거의 5만 명에 가까운 유대인들이 러시아를 탈출해야만 했다. 우리 민족에게도 한(恨)의 정서가 있지만, '유대인만큼이나 할까.'라는 생각이 들 정도다. 그러나 그 아픈 역사 때문에 그들은 더 강해질 수밖에 없었다. 그렇게 축적되어온 생존력이 오늘날 그들의 성공비결이라고 봐도 무방하다. 유대인들이 겪어왔던 그 긴긴 박해의 역사, 그리고 그 안에서 피어난 생존력이 오늘날 독보적인 성과를 만들어냈다. 우리가 유대인의 역사에서 주목해야 할 것 역시 바로 이들의 강인한 생존력이다.

나 역시 이제 40대 중반이 되었지만 어린 시절 광야와 고난의 연속이었다. 도전이 클수록 저항이 컸지만 이런 과정들을 극복하면서 나눠줄 수 있는 경험과 능력도 좀 생겼다. 가진 게 없어도 타인에게 내가 줄 수 있는 재능을 수년간 나누면서 의미 있는 삶을 살려고 애써왔다.

돌아보면 40세 이전까지는 미생이어서 그런지 넘어지고 깨지고 부서지고 아픔이 컸지만 40대 초반부터 갑자기 급격하게 인생의 기운이 달라지는 것을 느꼈다. 나는 이때 이 기운의 밑거름이 '60년 총량의 법칙'이라는 것을 깨닫게 됐다. 우연히도 40대를 넘어서서 60년 총량을 동시에 달성하게 된 것을 알게 된 셈이다.

나는 사람이 성공하는 데 필요한 역량을 기르기 위해 60년

지식역량
20년
(초등학생~박사학위)

경험역량
20년
(사회생활)

생존역량
20년
(고난, 역경, 시련)

〔인생 60년의 총량이 이루어지면 완전체가 되고 예지력이 생기는 시기〕

이란 시간이 필요하다고 본다면, 20년은 지식을 배우고, 20년은 사회적 경험을 축적하며, 마지막 20년은 앞서 강조한 생존력을 기르는 데 힘써야 한다고 생각한다. 한 사람이 이렇게 총 60년의 역량을 갖추게 되면 그 어느 누구도 무시하지 못할 정도로 강해지며 성공의 반열에 들 수 있다.

특히 지식과 경험은 어떻게든 만들어갈 순 있어도 생존역량은 얻기가 쉽지 않다. 가령 어릴 때 가난한 집에 태어나던지 커서 사업이나 도전을 통해 큰 실패를 하던지 해야만 배울 수 있는 특별한 고통훈련이다. 그래서 사회적으로 어느 정도 지위를 가지고 있고 60세 정도 되시는 분들의 연륜과 경륜이 묻어나오는 말들은 절대 무시해서는 안 된다. 그 안에는 짐작하기 어려운 지혜와 혜안이 숨어 있기 때문이다.

'늙은 호랑이와 젊은 호랑이가 싸우면 누가 이길까?'라는 우화에 대해 들어본 적이 있는가? 이 내용은 딱히 몰라도 된다. 당신이라면 누가 이길 것 같은가. 아마 대부분의 경우에는 젊은 호랑이가 이길 것이다. 하지만 간혹 늙은 호랑이 중 고수 호랑이가 있는 경우에는 말이 달라진다. 고수 호랑이는 오랜 기간 살면서 먹잇감을 때려눕히는 급소를 알고 있기에 일부러 상대에게 두들겨 맞다가 한방에 적의 급소를 찔러 제압한다. 따라서 무조건 젊은 호랑이가 힘으로 이길 것이라고 생각하는 것은 어불성설이다.

60년 총량의 법칙을 채우는 데 꼭 각 20년을 순차적으로 겪어야 하는 것은 아니다. 지식을 쌓으면서 경험할 수도 있고, 경험하는 과정에서 생존력을 기를 수도 있다. 예를 들어 10대 때부터 노력해서 자수성가를 한 사람은 공부와 생존역량을 동시에 쌓은 것이다. 만약 40대 이전에 이 60년의 시간을 압축적으로 동시에 쌓을 수 있다면 그 사람의 역량은 더욱 놀라운 수준에 이르게 될 것이라 확신한다.

스타트업은 생존력을 키우는 교육

앞서 이야기한 '60년 총량의 법칙' 중 20년 동안 지식을 쌓아야 한다는 것은 사실 우리가 현재 배우는 교육과정을 잘 이수해야 한다는 말과 같다. 이 20년은 초등(6년), 중등(3년),

고등학교(3년) 이 정규교육과정에 이어, 통상적으로 많은 사람들이 선택하는 대학(4년)과 대학원 석사와 박사(4년)를 마치는 기간까지 합친 것이다. 개인의 선택 여부에 따라 차이가 있겠지만, 요즘은 교육의 기회가 워낙 다양하기 때문에 그에 상응하는 교육 과정과 기간도 여기에 해당된다.

이렇게 20년 동안 지식을 잘 습득하고 나면, 그다음은 사회생활을 하면서 다양한 경험을 하고, 나름의 생존력을 기르는 시간을 거쳐야 한다. 여기에서 혼동하지 말아야 할 것은 사회적 경험과 생존력은 분명 다른 차원의 것이라는 점이다. 경험은 그저 경험이다. 직장생활을 하는 것, 여러 분야에서 어떤 깨달음을 얻는 것, 각성, 자신의 역량을 발전시키는 활동들이 이 경험에 해당한다. 일반적으로 1만 시간의 법칙(10년)을 따르면 그 분야의 전문가 반열에 오를 수 있다고 한다. 하지만 여기에 10년을 더 투자하면 그야말로 '고수'의 자리에 등극하게 된다.

반면 생존력은 경험과는 차원이 다르다. 이 생존력이 필요한 시기는 대부분 지극히 힘들고 고통스러운 환경 속에서 죽지 않고 살아남기 위해, 먹고살기 위해, 어떻게든 발버둥 칠 때다. 너무 가난하게 태어나 그 환경을 이겨내며 자란 사람들, 가정폭력이나 학창시절의 여러 어려움을 견디며 끝내 사회적 성공을 이뤄낸 사람들은 이러한 생존 역량이 최고치에 달한 사람들이다. 실제 주변에서 성공한 사람들을 보면 독한 기질이 있고 생존력이 만렙인 경우가 많다. (여기에서 학자나 예술가는 예외로 둔다.)

사회가 점점 불확실하고 빠르게 변모하다 보니 이런 생존력의 중요성이 점차 대두된다. 특히 요즘 사람들을 보면 고등 교육을 받을 수 있는 기회가 열려 지식과 경험은 문제없이 쌓을 수 있지만, 정작 중요한 생존력은 배울 틈이 없다는 게 문제다. 아이가 많은 집이 없다 보니 어려서부터 품 안의 자식처럼 크는 경우가 대부분이라 생존력이라는 뿌리가 자랄 기회는 아예 제거되고 만다고 해도 과언이 아니다. 그러다 보니 요즘 세대 중 점점 이기적이고, 팀플레이가 약하고, 고통을 참으려 하지 않으며, 좋은 머리를 이용해 변칙하는 사람이 많다.

하지만 이 세대 중에서도 스타트업에 뛰어든 사람들은 '생존력'을 기를 확률이 더 높다. '스타트업이 교육이 될 수도 있다'는 이야기는 바로 이 지점에서 시작된다. 스타트업을 한다는 것은 물 한 통 없이 사막 한가운데에 던져진 것과 마찬가지다. 집, 학교, 회사, 그 누구의 도움도 받지 못하고 자기 힘으로 이겨내야만 하는 순간들이 많기 때문이다. 매 순간 살아남기 위해 싸워야 하는 일들이 비일비재하다.

이것은 단순히 비즈니스로서의 성공, 즉 돈을 버느냐, 못 버느냐의 문제만이 아니다. 자신의 기획과 실행이 대중에게 인정받는가, 냉정하게 외면받는가의 문제이기도 하다. 그래서 자신의 정체성과 능력에 대한 심오한 고민과 반성으로 이어지게 된다. 뼛속까지 파고드는 고통과 미친 듯이 심장을 뛰게 하는 긴박한 상황 속에서 어떻게 해서든 살길을 찾으려고 노력하다 보면, 고민과 문제해결력은 점점 영근다. 생존의 바다에 떨어져본 청년들과 그렇지 않은 청년들. 이 둘 사이에는 결코 줄일 수 없는 간극이 생기게 된다.

청년 창업자 중에서 극명하게 대비되는 경우가 바로 유학파 청년 창업자와 고졸 출신 청년 창업자이다. 물론 다 그런 것은 아니지만, 유학파 출신이 상대적으로 배운 것도 많고, 가진 것도 더 많다고 생각하기 때문에 애써 생존해야 한다거나 절박함이 부족한 것이 사실이다. 하지만 고졸 출신들은 스스로가 부족한 것이 있다고 생각하고, 그 부족함 속에서도 살아남아야 한다는 의지가 강하기 때문에 열심히 배우고 성실하게 임하는 경우가 많다. 그리고 이런 생존력을 배운 고졸 출신들이 결국 대졸도 부럽지 않은 '슈퍼 고졸'이 되어 스스로 성장을 견인한다.

구약성서에는 솔로몬 왕이 예루살렘에 세웠던 아름다운 성전에 관한 이야기가 나온다. 예수가 죽고, 로마군이 예루살렘을 공격해 수많은 유대인을 죽였는데, 성벽이 이 비극을 지켜보면서 밤마다 눈물을 흘리며 통탄을 했다는 전설이 내려오고 있다. 지금 그 성벽에는 '통곡의 벽'이라는 이름이 붙여졌다.

통곡이 무엇인가. 저 가슴 밑바닥 아래에서 북받쳐 차오르는 슬픔이다. 하루 이틀 사이에 잊힐 것이 아니라 때로는 평생 멍에로 자리 잡을 정도로 큰 슬픔. 많은 이들이 이렇게 통곡할 정도의 슬픔을 원하지 않겠지만, 사실 그 슬픔을 겪게 되는 순간에도 배울 것이 있다. 다시는 그와 같은 슬픔을 겪지 않겠다는 깨달음, 두 손을 움켜쥐며 고통에서 벗어나겠다는 다짐을 통해 우리 스스로 또 한 번 단단해지기 때문이다. 인내력과 회복력을 키우는 것은 물론이고, 위험을 감지하는 능력이 더 커지며, 그것을 회피하는 지혜도 풍부해진다. 만약 유대인에게 통곡의 벽이 없었다면, 지금과 같은 커다란 성공을 이루지 못했을지도 모른다.

이는 우리 민족에게도 그대로 적용된다. 개인적으로 '한강의 기적'을 생각할 때, 나는 그 한강을 '漢江'이 아닌 '恨江'이라고 해석한다. 6·25 당시 피로 뒤덮인 강물, 더 거슬러 올라가서는 35년 동안 일제 강점기와 수많은 외세의 침입을 감당해야 했던 우리 민족의 한(恨)이 떠올라서다. 그리고 그 한으로 강력한 생존력을 기른 덕분에 '한강의 기적'도 이룰 수 있었다고 믿는다.

통곡의 벽은 유대인들이 겪었던 수많은 박해를 상징하는 말이기도 하지만, 또 한편으로 강인한 생존력으로 오늘의 번영을 이뤄낸 그들의 원동력을 나타내는 말이기도 하다. 지식과 경험만으로는 결코 성공에 이를 수 없다. 스타트업을 하고 있는 청년들은 오늘도 회사를 이끌기 위해 크고 작은 어려움과 슬픔을 겪는다. 하지만 그 일을 겪어내고 넘어서다 보면 연약하던 마음 근육이 단련되어 어느 순간 그 일들에 휘둘리지 않을 만큼 강해지는 때가 온다. 결국 스타트업이 청년 세대에게 주는 생존력이란 바로 이런 것인 셈이다.

또한 그 경험을 다른 스타트업 창업가들과 공유하며 더 많은 청년들이 통곡의 벽을 넘어설 수 있게 돕는다면, 더 많은 사람들이 포기하지 않고 이 성공의 길에 이르게 될 것이다. 뿐만 아니라 상황 탓을 하며 쉽게 포기하려는 청년 문화를 바꾸는 데에도 중요한 발판이 되어줄 것이다.

토종 늑대의 더 큰 성장을 위한 조언

더 강한 기업가정신을 길러야 하는 이유

앞에서 변종의 늑대들이 어떻게 스타트업과 연결되고 서로 긍정적인 시너지를 내는지 살펴봤다. 이것은 그들의 천성이 비즈니스의 세계와 화학적인 반응을 하면서 어떻게 변종의 늑대로 변할 수 있는지에 대한 내용이기도 하다. 하지만 그들의 특성이 모두 스타트업에 최적화되어 있을 리는 없다. 분명 그들이 가진 단점이 존재하고, 비즈니스의 세계가 순순히 용납하지 못하는 약점도 존재한다. 이러한 약점을 살펴보는 것은 그들의 한계를 지적하기 위한 것이 아니라 보다 큰 성공을 대비하기 위한 것이다. 실제 현장에서 그들과 살을 맞대고 일해본 경험은 그들에게 절실하게 필요한 것이 무엇인지를 알 수 있게 해주었다. 물론 여러 가지 점을 언급할 수 있겠지만, 단 하나로 수렴하자면 그 핵심은 '기업가정신'이다. 흔히 말하는 기업가정신은 성공을 위해 역경과 싸워 나가는 힘이지만, 또 한편으로 기업가정신은 현실에서의 구체성을 획득하지 못한 청년 세대에게 가장 결핍된 부분이기도 하다. 결론적으로 봤을 때 대한민국 스타트업의 미래는 이 기업가정신의 해결에 있다고 봐도 크게 무리는 없을 것이라고 본다.

빠른 도전과 빠른 포기의 악순환

본격적인 스타트업 시대로 접어들면서, 요즘 창업하는 사람들의 성공 방정식이 무엇인지, 이것을 분석하는 여러 이야기들이 나왔다. 그들은 과거 벤처시대와 또 다른 방식으로 성공을 쟁취했기 때문이다. 창업 전문가, 학자, 그리고 관련 단체의 연구원들이 스타트업의 성공에 대해 많은 해석들을 쏟아냈지만, 사실 그것은 크게 의미가 없다. 그동안 스타트업 세계를 지배해온 말이 하나 있다. "남들이 성공한다고 내가 성공하는 것도 아니고, 남들이 실패한다고 내가 실패하는 것도 아니다.” 쉽게 말해 스타트업이 성공하는 데 통하는 고정된 방정식은 존재하지 않는다는 이야기다. 나 역시 이 부분에 충분히 동감한다. 따라서 그 어떤 전문가적 담론도 스타트업의 모든 것을 설명하기는 힘들다.

다만 실패하는 청년들이 가진 공통적인 태도와 자세는 분명 존재한다. 가정이 행복한 이유는 천차만별이지만, 가정이 불행한 이유는 대개 비슷하다는 말과 같은 맥락이다. 그래서 우리는 행복한 이유를 찾기보다는 실패하는 이유를 찾아서 이를 제거하는 일에 집중해야 한다.

요즘 창업하는 청년 세대의 약점 중 하나는, 마치 사랑을 하듯 창업을 한다는 점이다. 사랑이란 순간적으로도 시작될 수 있다. 요즘 세대의 말로 ‘썸’으로도 시작될 수 있는 것. 창업의 장벽이 낮아지면서 “와, 너무 재미있겠다.”라는 말로 창업하는 사람들이 늘고 있다. 하지만 이런저런 준비를 잘 해놓고도 자본이나 시장 장벽이 높아 창업을 하지 못하는 것과, 아무런 준비 없이 쉽게 창업을 하는 것과는 완전히 다른 맥락이다. 제대로 된 준비 없이 창업하는 것이 사람의 첫 인상만 보고 “저 사람 너무 멋진데? 사귀고 싶다.”라고 말하며 시작하는 사랑과 뭐가 다를까. 너무 고심하느라 때를 놓치는 것도 문제이지만, 준비기간이나 상대를 충분히 알아보지 않고 달려드는 것 또한 문제다. 결혼도 준비기간 없이 너무 빨리하게 되면 생활하면서 상대와 많이 부딪히게 된다. 또 자신이 미처 몰랐던 상대의 모습을 발견하면서 쉽게 실망하기도 된다. 당연히 상대를 미워하고 원망하는 감정도 더 빨리 커진다. 그렇게 해서 갑자기 헤어지는 커플도 너무 많다. 스타트업을 만약 이런 식으로 하게 된다면 시간이 지날수록 사업은 흐지부지, 창업가와 같이 일하는 팀에게도 상처만 깊어지게 된다.

잘 준비하지 못한 채로 일단 사업을 빨리 시작하게 되면 팀원을 구성하는 데에도 시간을 쏟을 여유가 없다. 그저 마음이 어느 정도 맞는다고 생각하면 "우리 함께 해볼래?"라고 제안하고 관계에 대한 깊은 고민 없이 사업을 시작한다. 오랜 시간 동안 사업을 준비하는 것은 모든 것을 꼼꼼하게 챙기고자 하는 의도만은 아니다. 그 오랜 준비 기간 동안 변수를 제압하는 능력이 생기기 때문이다. 다양한 시나리오를 구상해보고, 팀원들의 성향을 알아가면서 혹시나 본격적으로 사업을 시작했을 때 겪을 수 있는 리스크를 미리 가상체험하고 제거하는 것이 바로 '창업의 준비 기간'이다. 그런 점에서 무조건 짧고 빠르고 간결하게 준비해서 비즈니스를 시작하는 것은 일종의 자기 함정에 빠지는 일이기도 하다. 시작을 빨리 하는 것만큼 최소한의 준비기간도 반드시 필요하다.

바닥부터 기는 힘

이렇게 제대로 된 준비 없이 사업을 하다 보면 또 하나의 문제가 장기전에 약할 수밖에 없다는 것이다. 사업을 한다는 것은 언제 끝날지 모를 좌절과 고통의 터널을 건너야 한다는 의미이기도 한데, 준비하지 못한 채로 사업에 뛰어들면 이를 잘 견디지 못하게 된다. 하지만 지금껏 강조해왔듯이 스타트업을 시작해서 성공하려면, 여러 번의 실패를 견뎌야 하고, 그것이 디딤돌이 되어 성공도 할 수 있는 것이다.

실제 경험에 의하면, 대체로 3번 정도 실패한 다음 성공하는 경우가 많다. 물론 실패는 적을수록 좋지만, 창업자들 역시 태어나서 한 번도 해보지 않은 영역에 뛰어드는 일 아닌가. 사업의 실패는 어떻게 보면 당연한 것이며, 단번에 성공한 것보다 리스크에 대한 대처능력을 기를 수 있기 때문에 실패는 창업자에게도 필요하다. 다만 이것을 장기적으로 끌고 가지 않거나, 실패를 해도 견뎌내는 것이 실패 자체를 하는 것보다 훨씬 중요하다.

사업은 대부분 어떤 아이디어에서 출발한다. 그 아이디어를 눈에 보이는 물건이나 서비스로 구현하고, 사람을 모으고, 돈을 모으면서 사업이 되는 것이다. 그래서 창업가는 아이디어를 진전시키는 것만 몰두한 나머지, 다른 생각은 잘하지 못하는 경우가 많다. 그래서 사업을 한다는 것은 맨바닥부터 시작하는 일이란 사실도 잘 인지하지 못한다.

배달의 민족은 '바닥부터 박박 긴다.'라는 것이 무엇인지를 제대로 보여주는 기업이다. 처음 창업했을 때 김봉진 대표는 '네이버가 진출하면 금방 따라올 수도 있다.'라는 불안감에 시달렸다고 한다. 그래서 시작한 것이 전단지 DB를 모으기 위해 쓰레기통을 뒤지는 일이었다고 한다. 새벽마다 강남 일대의 오피스텔 빌딩을 누비며 전단지를 주워 모았던 것이 큰 성공의 비결 중 하나였다. 비단 배달의 민족뿐만이 아니다. 성공의 길로 접어든 많은 스타트업 창업자들이 이렇게 현장을 훑으며 밑바닥부터 경험하곤 한다. 그러면서 사업의 생리를 읽기 시작하고, 남들은 모르는 자신만의 지식과 노하우가 쌓이게 되는 것이다.

사업을 준비하는 기간이 너무 짧으면, 사업을 하면서 맞닥뜨리는 변수를 통제할 능력이 부족할 수밖에 없다. 장기전은

커녕 위험이 닥치면 나가떨어지기가 쉽다. 밑바닥부터 시작하며 이 사업에 제대로 한 번 맞짱 떠보겠다는 생각도 못한다. 이 모든 것은 곧 기업가정신의 결핍으로 연결된다. 그래서 창업을 시작하는 사람뿐만 아니라, 이들을 육성하는 기관에서도 방법론만큼, 아니 그보다 더 기업가정신을 높이는 데 심혈을 기울여야 한다.

기성세대는 그들의 기업가정신을 고양하기 위해 노력하고, 스타트업 창업자들은 자신의 한계를 넘어 보기 위해 사력을 다해보는 것. 바로 이 두 가지 노력이 만나면 다음 세대 대한민국 스타트업계의 미래도 더욱 밝아질 것이다.

Chapter 5

늑대의 야생성을 키워주는 사회

변종의 늑대에게 필요한 것은 바로 '야성'이다. 야성 없는 늑대는 늑대가 아니라 온실 속 화초요, 온순한 강아지에 불과하다. 이런 상태로 격변하는 세계 속에서 한국 경제의 미래를 견인할 수 있겠는가? 늑대 개개인이 이런 역량을 기르려는 적극적인 자세를 취하는 것도 중요하지만, 사실 무엇보다 강조되어야 할 것은 야성을 기를 수 있는 토양을 만들어주는 것. 그러려면 부모, 정부, 창업의 길을 걸어온 기업의 선배들이 나서야 한다. 토대를 닦고, 그들을 교육해야 한다.

지혜가 시스템이 될 수는 없을까?

대한민국 최초의 스타트업 대학을 꿈꾸는, 넥스트챌린지스쿨

“올해 초등학교에 입학하는 학생들의 65%는 앞으로 현존하지 않는 일자리를 갖는다.” 지난 2016년 1월, 세계경제포럼의 보고서에 나온 내용이다. 사실 이러한 현상은 역사에서 매우 드문 경우다. 보통 지금까지 아이들은 어렸을 때 부모의 직업을 보고 자신의 직업을 꿈꿨다. 아니면 학교에서 배운 직업에 관한 내용을 토대로 자신의 미래를 상상해왔다.

하지만 이제 이런 시대가 완전히 저물었다. 자신이 커서 무슨 일을 하게 될지는 물론, 세상이 어떻게 변할지 모를 정도로 빠르게 변하고 있기 때문이다. 바로 이것이 오늘날 우리가 목도하는 세상이다. 그런데 이러한 상황은 어른들을 매우 난감하게 만들었다. 앞으로 아이들에게 어떤 교육을 시켜야 하는지 고민에 빠질 수밖에 없기 때문이다. 초중고 의무교육이야 그렇다고 하더라도 대학은 점점 더 학생들이 어떤 방향성을 가지고 공부해야 하는지 기준을 만들어줘야 하는데 세상이 워낙 빠르게 돌아가다 보니 그것에 대한 감을 잡기가 힘들다는 점이다.

그래서 지식 위주의 교육이 아닌 새로운 교육과 그것을 가르치는 방식에 대한 필요성이 제기되기 시작했다. 특히 '생존력', 늑대의 '야생성'을 길러주기 위해 아이들에게 절실히 필요한 교육이 무엇일까. 교육은 이 봉착한 문제를 해결하지 않으면 안 되는 상황에 놓이게 됐다.

새로운 미래 인재를 양성하는 고등 교육기관

미네르바 스쿨은 '하버드대학보다 들어가기 어려운 대학'이라고 평가받으며, 학부모들 사이에서 큰 화제가 됐다. 실제 경쟁률을 따져 봐도 미네르바 스쿨이 하버드대학을 압도한다. 하버드대학의 합격률은 4.6%이지만, 미네르바 스쿨은 그보다 더 치열한 1.9%이기 때문이다. 미국의 경제 전문지 〈포브스〉는 이런 미네르바 스쿨을 두고 "세계에서 가장 흥미롭고 중요한 고등교육기관이다."라고 평가했다.

더욱 놀라운 것은 이 학교의 교육 방식이다. 이 학교는 기존의 대학처럼 강의실이나 도서관, 캠퍼스가 없다. 대신 전 세계로 흩어져서 기업과 기숙사에서 생활하며 공부한다. 미국 샌프란시스코, 한국의 서울과 인도의 하이데라바드, 독일의 베를린, 영국 런던, 아르헨티나 부에노스아이레스 등을 옮겨 다닌다. 애플, 우버, 아마존 같은 회사와 연계된 프로젝트 수업으로 하고, IT 기업에 투입되어 현장에서 직접 일을 경험한다.

수업은 온라인으로 듣는 것이 전부, 대부분 토론으로 진행된다. 주요 전공과목으로는 예술, 인문, 경영, 컴퓨터과학, 자연과학 및 사회과학이 있다. 학비는 1년에 3,600만 원 정도인데, 현지의 기숙사, 책 가격, 생활비가 모두 포함된 금액이다.

지난 2010년 미국의 벤처투자자 벤 넬슨이 창립한 이 학교는 2019년 5월에 첫 졸업생을 배출했는데, 기존의 아이비리그 학생들도 이뤄내지 못한 일정한 성과를 낸 것으로 알려지고 있다. 특히 대형 금융기관에 곧바로 취직하는가 하면, 구글이나 트위터 같은 회사들의 스카우트 제의를 받았다. 이 학교가 지향하는 목표는 명확하다. 바로 지금의 지식 위주의 교육에서 탈피해 새로운 미래의 인재를 양성하겠다는 것이다. 학생들의 경험, 창의성, 소통능력, 문제해결력, 비판적 사고를 길러주는 것이 주요 목표이다. 뿐만 아니라 팀플레이 중심의 협업 능력을 길러주는 데에도 주안점을 두고 있다.

2020년에 한국에서도 비슷한 성격의 학교가 설립될 예정이다. 바로 '넥스트챌린지스쿨(이하 NCS)이다. 필자가 과거 소명으로 8년 동안 청년 대안 대학을 운영해본 경험을 토대로 각계 전문가와 함께 설립을 추진하고 있다. NCS가 세계적인 혁신 대학인 미네르바 스쿨과 다른 점은 교육의 대부분이 '스타트업'에 집중되어 있다는 것이다. 소위 말해 4차 산업혁명을 이끌어갈 혁신적인 스타트업 인재를 양성하는 데에 초점을 맞춘다. 또한 공유경제를 기반으로 두고 있다는 것도 차별점이다. 국내 법규의 한계 때문에 해외에서 인가를 준비 중인 NCS는 4년제 정규 대학으로, 70%의 온라인 수업과 30% 오프라인 수업으로 이뤄진다.

입학하는 학생들은 미국 창업의 중심지인 LA와 보스턴, 인도 벵갈루루, 중국 상해, 프랑스 파리, 베트남 하노이, 브라질 상파울로와 서울, 그리고 인도네시아의 자카르타 등 약

9개국(국가는 외적환경에 따라 변동될 수 있음)을 옮겨 다니며 공부하게 된다. 에어비앤비를 통해 기숙사를 마련하고, 코워킹 스페이스에서 서로 만나 토론하며 수업을 병행한다.

고3 학생을 대상으로, 한 해 200명을 선발할 계획인데, 선발 기준은 수능시험, 학교 성적과는 전혀 무관하다. 학생들은 오직 NCS가 세운 자체 선발 기준으로만 평가받는다. 선발되어 입학하게 되면 1~2학년 동안은 3개월씩 저개발 국가에서 체류하며 다양한 사업의 기회를 탐색하게 된다. 그러고 나서 남은 기간 동안은 선진국에서 체류하며 더 발전적인 기술과 서비스를 기획한다.

다시 한 번 정리하면, 2년 동안은 전 세계를 돌면서 아이디어를 발견하고 팀을 구성하게 되며, 3학년 때 법인을 만들고, 4학년 때에는 팀당 5,000만 원에서 1억 원 정도의 시드 투자금을 가지고 졸업한 후 본격적으로 스타트업을 시작해 보는 것이다. 4년간 스타트업에 최적화된 인재를 양성하는 곳, 60년 총량의 법칙을 4년 동안 압축해서 가르치며 지식보다 지혜를, 시스템을 만들고자 하는 이곳이 NCS다.

실패율을 낮추는 최적의 방법

NCS의 교육 시스템은 스타트업계에 10년이 넘게 종사해오면서 '창업 실패의 확률을 최대한 낮추고, 미래의 인재를 양성하는 방법은 무엇인가?'에 대해 깊이 고민해온 결과물이기도 하다.

이 학교를 설립하기 전에 가장 먼저 했던 것은 스타트업 설립 과정을 차분히 돌아보는 것이었다. 우리나라 학생들이 창업에 대한 정보를 처음 얻는 때가 언제인가? 보통은 대학에 입학해야 겨우 '창업'이나 '스타트업'이란 말을 접한다. 여기에 대한 매우 전문적인 교육이 부재하며, 학생들은 창업 과정이 무엇인지도 모른 채 스스로의 판단만 믿고 스타트업을 시작하는 경우가 허다하다.

'창업에서 가장 중요한 것은 무엇인가?' 많은 사람들이 '아이디어', '자본'이라고 말한다. 하지만 나는 확신하건데, 창업의 성공을 좌지우지하는 결정적인 요소는 바로 '팀'이다. 팀이 제대로 꾸려지지 않으면 아이디어가 좋더라도 성공의 길에 들어섰을 때 결국 깨지기 마련이다. 이 과정에 지원받았던 투자금은 허무하게 사라지고 만다. 자본이 많으면 어떨까. 돈이 아무리 많고 아이디어가 좋아도 팀이 제대로 형성되어 있지 않으면 스타트업의 고된 과정을 이겨나가지 못한다. 반대로 팀은 매우 좋은데 아이디어나 자본이 없다면? 이런 팀들은 지속적으로 아이디어를 개발하고, 변형하고, 수정하면서 자신의 목표를 향해 나갈 수 있다. 그리고 이 과정에서 아이디어를 정교하게 다듬고 사업성을 인정받으면 얼마든지 자본을 유치할 수 있다. 그래서 결국 창업의 핵심은 '팀'인 것이다. 다시 한 번 강조하건대, 첫 번째가 팀이고, 두 번째가 아이디어고, 세 번째가 바로 자본이다.

그런데 현재 대한민국 청년들이 팀을 꾸리는 방식은 너무나도 즉흥적이다. 그 과정이 미흡하다. 상당수 팀들을 인터뷰해보면 팀을 꾸리는 이유가 '나랑 마음이 맞아서', '나랑 생각이 같아서'이다. 그러나 이것은 스타트업이 팀을 꾸리는 방식 중 제일 하수에 해당한다. 거기다가 창업을 준비하는 시간이 길지 않으면 이는 다양한 측면에서 악재로 작용한다.

성급하게 팀원을 결정하면 '괜찮아 보이는' 원석 같은 아이디어도 더 이상 엣지 있게 발전시키지 못한다. 팀원도 별로, 아이디어도 별로이니, 결국 자본이 투여되지 않는 것은 어떻게 보면 당연한 일. 이러한 악순환에서 탄생하는 스타트업은 창업에 대한 흔하디흔한 불안과 공포만 갖게 된 채 실패에 좌절하며 사업을 접게 된다.

"그러게 네가 무슨 사업이냐, 그냥 취업이나 하지."

"사업이 뭐 쉬운 일이냐? 너는 사업이랑 잘 맞지 않잖아."

"지금이라도 그만두는 게 얼마나 잘된 거냐. 나중에 더 크게 망하기 전에 교훈이나 얻었다고 생각해라."

그러나 이러한 결론들은 마치 전후관계가 뒤바뀐 것이나 다름없다. 제대로 공부하는 법도 모르고, 오랜 시간 집중해서 공부하지도 않았으면서 '나는 공부와 맞지 않다.', '괜히 시간만 버렸다.'라고 투정부리는 것과 마찬가지다. 시험 점수를 높이기 위해서 제대로, 오랜 시간을 공부해야 하는 것이 당연한 것처럼, 스타트업이 성공하기 위해서는 제대로 된 준비 기간과 팀원, 아이디어가 있어야만 한다.

NCS는 바로 이 점에 집중한다. 4년이라는 짧지 않은 시간 동안 자기 사업에 맞는 팀원을 충분히 검증할 수 있다. 또 서로의 생각과 아이디어를 맞춰볼 수 있으며, 상대의 인성까지 알 수 있다. 거기다가 저개발국가와 선진국을 충분히 돌아다녀봤으니 엣지 있는 아이템을 만들 수 있는 충분한 기회와 시간도 주어진다. 4학년 때는 본격적으로 사업을 해볼 수 있도록 투자금까지 준비되어 있으니 사실상 스타트업을 시작할 준비를 모두 마친 셈이다.

NCS의 모토는 '지혜를 시스템으로 만든다.'이다. 인생에서 지혜라는 것은 왠지 지극히 개인적인 것이고 추상적인 것처럼 보인다. 하지만 비즈니스에서의 지혜는 명쾌하고 정확하다. 성공의 길을 걸어본 사람들이 반드시 지켜야 하는 원칙, 경험, 그리고 프로세스가 비즈니스 세계에서의 지혜다. NCS는 바로 이러한 지혜의 정수를 모아 시스템화하고, 이것을 통해 대한민국 스타트업의 발전에 기여하고자 한다.

정부는 어디까지 혁신적일 수 있을까?

규제와 간섭을 포기하고 늑대의 속도에 맞춰야 한다

부강한 국가의 기본은 강력한 군사력을 바탕으로 영토를 수호하는 것이다. 이것이 일반적인 상식이다. 그런데 다르게 생각하는 정부가 있다. 바로 앞에서 살펴본 에스토니아다. 이 국가는 과거에 두 번씩이나 구소련에 지배를 받다 보니 늘 다른 나라의 침략에 대한 불안감이 있다. 하지만 그토록 작은 영토를 군사력 하나만으로 지킨다는 것은 사실 애초에 힘든 일일지도 모른다. 러시아 같은 세계적인 강대국의 군사력 앞에서는 별 소용이 없기 때문이다. 그래서 그들은 발상을 전환했다. '비록 영토가 사라진다고 하더라도 데이터가 있으면 나라를 다시 세울 수 있다'.라는 것. 그래서 그들은 모든 국민의 데이터를 블록체인으로 만들어 안전하게 보관하는 것을 넘어 자국 내의 룩셈부르크 대사관에도 이를 분산해서 보관하고 있다. 자국민의 데이터를 다른 나라의 대사관에 보관하는 것도 놀라운 일이지만, '국민의 데이터가 곧 국가다.'라는 이 발상에는 입이 떡 벌어질 정도이다. 그리고 이러한 발상은 '국가를 지키기 위해서는 데이터를 지켜야 한다.'라는 새로운 상식을 만들어냈다.

'하지 말라'는 이야기를 수도 없이 들었다

에스토니아 정부가 보여준 모습은 한마디로 '발상의 대전환'이라고 할 수 있다. 기존에 모든 이들이 가지고 있는 '근본적인 전제' 자체를 무너뜨려서 완전히 새로운 방식으로 뚫고 나갔기 때문이다. 스타트업을 육성하려는 정부의 사고방식은 가히 이러한 대전환에 기반을 두어야 한다. 이러한 발상의 대전환이 이뤄지지 않으면 매우 기이한 현상을 맞닥뜨리게 된다. 바로 '전혀 혁신적이지 않은 정부'가 '매우 혁신적인 스타트업'을 지원하고 육성한다는 아이러니다. 안타깝게도 지금 한국 사회에서 이러한 모습이 보인다. 가장 대표적인 것이 바로 정부의 '규제와 간섭'이다.

정부의 규제는 우리나라 스타트업의 발목을 잡는 고질적인 문제이다. 관련 공공기관의 수장들은 늘 행사장에서 "스타트업과 관련된 규제를 혁신적으로 풀겠다."라고 공언한다. 하지만 정작 일선에서는 잘 지켜지지 못하고 있다. 스타트업을 위한 다양한 지원제도도 좋지만, 정작 스타트업이 꽃을 피우려면 규제 완화가 필수적이다. 스스로를 꽃피울 수 있는 단계에서 규제에 묶여 버리는 것은 매우 안타까운 일이 아닐 수 없다. 규제 완화가 얼마나 중요한지 보여주는 가장 대표적인 사례가 미국 원격의료 스타트업 '텔라닥'이다.

이 회사는 '디지털 헬스케어의 우버'라고 불릴 만큼 엄청난 속도로 성장해왔다. 2015년에 상장한 뒤 무려 4조 원의 가치를 지닌 기업으로 성장했다. 만약 우리나라에 이런 텔라닥 같은 기업이 있다면 어떨까? 아마 이만큼 성장하지 못했을 것이다. 우리나라 현행 법률상 이 회사는 '불법 의료'를 했기 때문에 회사 경영자는 수사를 받아야 하며 회사의 경영은 당장 멈춰져야 하기 때문이다. 특히 현행법을 어겼기 때문에 더 이상 존속 자체가 불가능할 수도 있다.

하지만 원격 의료 사업의 중요성과 환자들의 서비스 이용

편의성을 알아챈 많은 국가들이 이 분야의 규제를 풀고 있는 추세다. 우리나라도 규제 샌드박스(Regulatory Sandbox, 신산업·신기술 분야에서 새로운 제품과 서비스를 내놓을 때 일정 기간 기존 규제를 면제하거나 유예시켜주는 제도)를 통해 규제 완화에 많은 노력을 기울이고 있지만 사실 부족하다. 최근에는 '매뉴얼이 없으면 사회가 돌아가지 않는다.'라고 주장하던 일본마저도 과감하게 규제를 풀고 있는 상황이다. 반면에 우리나라는 매우 더디다. 실제 현장에서 스타트업 관계자들이 느끼는 규제의 수준은 매우 답답한 지경이다.

'ABF in Seoul 2018' 미디어컨퍼런스에서 한 스타트업 대표의 호소가 가장 단적인 사례다. "(블록체인) 사업을 해 나가는 데 있어서 변호사와 법률 검토 과정을 거쳤다. 그런데 100개 중에 90개를 하지 말아야 한단다. 공무원들에게 제재를 받은 것도 수없이 많다. 해서는 안 된다. 하지 말아야 한다는 이야기를 수없이 들었다." 실제로 법무법인 린(테크앤로 부문)이 조사하여 발표한 내용을 보면, 현재 글로벌 누적 투자 상위 100대 스타트업 중에서 30%는 한국에서 사업을 할 수가 없고, 13개는 제한적으로 사업을 할 수 있을 뿐이다. 이는 현재 우리나라의 스타트업 환경이 글로벌 기준과 비교했을 때 얼마나 뒤떨어져 있는지를 잘 보여주고 있다.

앞서 나가는 늑대의 힘을 빼는 방법

그렇다면 우리나라는 왜 이렇게 규제와 간섭이 심할까. 사실 이 부분은 우리나라 근대 발전의 역사에서 시작한다. 애초에 우리나라는 정부 주도로 발전을 이뤄왔다. 정부가 특정 대기업을 밀어주고, 과감한 지원을 하는 덕에 전체적인 경제 성장의 성과를 만들었다. 그러나 보니 '정부가 무엇인가를 주도하겠다.'라는 문화가 여전히 남아 있다. 더불어 아직 한국의 스타트업이 많은 성공 사례를 남기지 못했다는 점에서 여전히 정부가 스타트업 육성의 중심에 서야 한다는 생각도 하는 것 같다. 마치 이제 막 발걸음을 시작한 어린아이를 보는 부모의 느낌이랄까? 실패하면 어떻게 하나, 잘못된 방향으로 가면 안 된다는 불안감이 이러한 간섭과 규제를 더욱 강화하는 듯하다.

또한 공무원들이 스타트업 분야에 전문 지식이 부족한 것도 문제점으로 지적된다. 공무원들은 순환 근무를 해야 하니, 이제 막 일이 손에 익고 관련된 외부 관계자, 전문가들과 알아갈 즈음이면 그 부서를 떠나야 한다. 이는 지극히 비효율적인 인력 낭비다. 실제로 나 역시 적지 않은 공무원들을 만나면서 그들이 가지고 있는 인식의 한계를 많이 보았다.

그들이 공부를 게을리 한다거나 일에 대한 열정이 없어서가 아니다. 현실을 제대로 파악하고 새로운 방법을 내놓을 수 있는 시간이 부족하기 때문이다.

핀란드, 에스토니아, 그리고 프랑스와 미국. 앞에서 살펴본 대부분의 국가들은 각기 자신들에 맞는 방법으로 스타트업을 육성하고 있지만, 한 가지 공통점이 있다. 그것은 바로 '국가의 간섭을 최소화한다.'라는 점이다. 아래로부터 위로 올라오는 '보텀 업'에 매우 익숙하고, 민간이 자율적인 생태계를 만들어 나가는 것에 큰 가치를 두고 있다. 더불어 자유로운 시장의 원리를 최대한 존중하면서 새로운 환경을 만들어주고, 변화되는 것에 대한 보완을 해주는 것이 진정한 정부의 역할이라고 생각한다. 당장 눈에 보이는 국민의 비난을 두려워하기보다는 스타트업의 본질이 구현될 수 있도록 해주는 것이 정부가 할 수 있는 최선의 역할이라고 믿고 움직인다.

스타트업의 본질은 실패를 두려워하지 않고 위험에 도전하는 것이다. 그런데 안타깝게도 행정기관은 실패를 두려워하고 위험에 도전하고 싶어 하지 않는다. 애초에 DNA 자체가 다르다. 물론 모든 행정기관이 그렇다는 이야기는 아니다. 하지만 이제는 '전향적인 자세'나 '긍정적인 검토'를 하고 있을 단계가 아니다. 그것으로는 부족하다. 말 그대로 '발상의 대전환'을 꾀해야 할 시점이다. 이러한 발상의 대전환이 가진 본질은 곧 '돌파하는 힘'이다. 규제와 자율 사이에 실타래처럼 꼬여 있는 문제를 돌파할 수가 있어야 한다. 이러한 실질적인 방법이 스타트업의 현실에 적용되지 않는다면, 대한민국 스타트업의 장래를 담보하기 힘들다.

정부의 규제와 간섭에 대해서는 정치인들의 인식도 분명 변해야 한다. 법을 제정하는 사람들이 정치인들이기 때문에 이들이 스타트업에 대한 통찰력을 가지고 있지 않으면, 변화는 요원하다. 특히 현재 국회에 계류된 1,000개의 법 중에 진흥법이 300개라면, 700개는 규제에 관련된 법이다. 한 국회의원이 "정부가 규제에 대한 현실과 철폐를 위해 많은 노력을 하고 있지만, 더 많은 규제가 양산되고 있는 것이 현실이다."라고 말할 정도다.

사냥감을 향해 빠르게 달려가는 늑대와 함께 나아가려면 늑대의 속도에 맞춰야 한다. 공무원도, 정치인도, 빨리빨리 도전하고 안 되면 새로운 방법으로 또다시 도전하는 스타트업의 업무 방식에 맞출 필요가 있다. 이것이 되지 않은 채 앞서 나간 늑대가 오히려 공무원과 정치인을 되돌아보게 하는 것은 늑대의 힘을 빼고 목표를 포기하게 만드는 결과를 부를 뿐이다.

지자체 발전 방향의 오판과 새로운 계획

전복적인 상상력의 필요성

지방의 인구수가 점차 줄어들어 지방이 사라질 수도 있는 '지방 소멸의 시대'다. 지방 인구가 줄어들면 지자체의 역할도 현저하게 줄어들게 된다. 당연히 예산도 줄어들고 공무원의 수도 줄어들 수밖에 없다. 이런 위기의식을 느낀 지자체들이 스타트업으로 눈을 돌리고 있다. 그런데 문제는 그 방향성이 올바른지에 대해서는 적지 않은 의문이 든다는 점이다.

스타트업의 생태계 현실을 제대로 모르는 상태에서 무조건 스타트업을 유치하고 서둘러 자금만 지원하려는 것은 오히려 스타트업의 생태계에 부작용을 일으킬 수 있다. 지자체의 발전 노력 역시 수포로 돌아가게 된다. 지금 지자체에게 가장 필요한 것은 예산의 확보도 아니고, 스타트업의 유치도 아니다. 오히려 그런 문제들은 나중에라도 쉽게 해결될 수 있다. 뛰어난 아이디어가 있으면 중앙정부의 자금도 유치할 수 있고, 다양한 혜택이 있다면 당연히 스타트업이 몰려들 것이기 때문이다. 지금 지자체에게 가장 중요하고도 필요한 것은 '어느 방향으로 갈 것인가?' 하는 분명한 목표 설정과 방향성이다.

이젠 전복적 상상력이 필요할 때

스타트업도 성장하고 지자체도 발전할 수 있는 방법이 뭐가 있을까. 그동안의 방식은 버리고 전혀 다른 방향에서 접근해보자. 생각해볼 수 있는 키워드 중 하나는 바로 인구이다. 앞에서 에스토니아의 인구가 130만 명에 불과하지만, 에스토니아는 전 세계적인 '창업의 성지'가 되었다고 말한 바 있다. 유례를 찾아볼 수 없는 파격적인 혜택을 제공했는데, 그중 하나가 4만 9,000명의 새로운 시민을 받아들인 일이었다.

그러한 노력 덕에 이 국가에는 매년 2,000개의 스타트업이 생기고 있다. 새로운 인구만 받아들여서 이런 결과가 나왔느냐, 그건 결코 아니다. 핵심은 그들이 이 국가에 뿌리내릴 수 있게 하는 시스템이다. 이 국가는 2,600개의 행정 서비스 중 99%가 온라인으로 해결이 가능하다. 행정 비용이 영국의 0.3%에 불과할 정도다. 더 중요한 것은 외국인이 설립한 회사만 5,000개이다.

어떻게 시스템을 개혁할 것인지 차치하고, 키워드로 뽑은 인구 측면에서 봤을 때 우리나라 도시 중 에스토니아처럼 변모가 가능한 곳이 있다면 어디일까? 우리나라에서 대략 100만 명에서 150만 명, 즉 에스토니아와 비슷한 인구 수준을 가진 지역은 꽤 많다. 대전(150만), 광주(145만), 수원(120만), 울산(115만), 창원(100만), 고양(100만), 용인(100만), 제주도(70만) 등이다. 대전이라고 에스토니아처럼 되지 말라는 법은 없다.

수원시도 마찬가지고, 고양시도 마찬가지다. 특히 제주특별자치도는 제주특별법으로 중앙정부의 권한의 위임받아 운영되기 때문에, 에스토니아처럼 자체적으로 변화를 꾀할 수 있는 가능성이 높다. 지자체가 발상의 전환만 한다면 외국인 스타트업도 얼마든지 유치할 수 있고, 행정 비용도 엄청나게 줄일 수 있다. 지자체 자체 조례를 통해서 법인세율을 0%로 만들 수도 있다.

결국 이런 변화를 가른 것은 대전, 광주, 수원의 시장님들과 공무원들이 에스토니아처럼 되자는 생각을 못했다는 것뿐이다. 물론 중앙정부와 연동된 시스템이 있기에 지자체가 할 수 있는 것에는 한계가 있을 것이다. 하지만 '불법 빼고는 다 해보겠다.'는 것이 정말 혁신적인 공무원의 자세다. 2,600개의 행정 서비스 중 99%가 온라인으로 해결된다는 상상을 해보았는가? 하지만 그렇게 하고 있는 곳이 몇 곳이나 되는가. 생각만 하지 않고 실행으로 옮긴 나라가 바로 에스토니아다.

우리 지자체라고 역량이 부족하거나 아이디어가 없어 못할 리는 없다. 다만 혁신은 말을 통해서만 되는 것이 아니라 '전복적인 발상'과 행동력에서 시작된다. '대전 디지털 공화국', '광주 디지털 공화국'이란 꿈을 꾸고 그 꿈에 필요한 그림을 그리며 움직일 때 진정으로 스타트업과 지자체가 모두 발전할 수 있다. 에스토니아에는 이미 트랜스와이즈, 스타십 테크놀로지 같은 유니콘 기업이 존재한다. 하지만 우리나라 지자체에는 이러한 유니콘 기업이 없다. 인구가 비슷한 에스토니아라는 작은 국가에도 유니콘 기업이 있는데 왜 창원시, 수원시에는 유니콘 기업이 없는가. 아니 왜 없는 것이 당연하다고 생각하는가? 이것이 다 전복적인 발상을 하지 않았기 때문이다.

이런 발상이 부족하다 보니 우리나라 지자체가 스타트업을 지원하는 행정 방향 모두 모두 '코워킹 스페이스'와 같은 시설 구축과 '스타트업 유치'에만 맞춰져 있다. 하지만 디지털 생태계 자체를 만들려는 노력이 선행되어야 한다. 스타트업은 사무실만 있다고, 돈만 있다고 그 자체로 생존하는 것이 아니다. 자연에서 뛰어놀던 사슴을 잡아다가 도시에 놔둬봐야 얼마 안 가 굶어 죽거나 사냥당해 죽고 말 것이다. 스타트업도 마찬가지다. 스타트업은 그들을 지원하는 최적화된 환경, 생태계 안에서 존재해야 한다. 지자체가 할 일은 그 최적의 환경을 어떤 방향으로 구축할 것인가이다.

코워킹 매니저, 액셀러레이터, 심사위원의 역량을 키워야 한다

그런 점에서 지금 각 지자체의 스타트업 생태계는 '괴멸'이라는 말로 설명할 수밖에 없다. 액셀러레이터만 보아도 서울·경기에는 150여 개가 넘는 액셀러레이터가 있지만 부산은 15개가 채 되지 않고 제주도에는 3개가 있다. 이 정도면 서울과 부산의 격차는 7~8년 정도이고 서울과 제주도의 차이는 10년 이상 난다고 봐야 한다. 지금과 같은 디지털 환경에서 이 정도의 차이는 근대와 조선시대만큼 벌어진 것이라고 해도 과언이 아니다. 그래서 지방 지자체에서는 일단 이러한 생태계 자체의 역량을 올리려는 정책을 취해야 한다. 바로 '스타트업을 키우는 역량 있는 기관'을 만드는 것이다. 결국 이런 변화가 다른 지자체와의 차별점이 될 것이다.

스타트업은 말 그대로 새싹이다. 잠재력이 있는 청년들이 만든 기업이기는 하지만 아직 경험도 부족하고 성공한 경험도 그리 많지 않다. 이러한 새싹을 잘 키우려면 사실 이들을 키워주는 사람의 역량이 더 중요하다. 스타트업을 선발하는 심사위원들, 그리고 그들을 지도하는 멘토들이 바로 이런 역할을 해주어야 한다.

하지만 현장에서 경험해 본 바로 우선 이들의 역량이 매우 부족하다. 이런 상황에서는 스타트업의 발전 자체가 힘들다. 교사가 역량이 없는데, 역량 있는 학생을 어떻게 가르치고 키우겠는가. 스포츠에서도 심판이 역량이 부족해 제 역할을 못하면, 그 게임에 참여한 팀의 승패는 물론 게임 자체가 엉망이 되어버린다. 스타트업도 마찬가지. 코워킹 스페이스만 마련하는 것이 중요한 것이 아니라 그곳을 어떻게 운영하는지가 더욱 중요하다. 제대로 교육받은 매니저가 없으면 공간 운영도 지지부진해진다. 창업자들도 사업을 하면서 불편할 것이다. 아무리 하드웨어가 좋아도 소프트웨어가 제대로 작동되지 않으면 소용이 없다. 정부, 지자체, 대학 등 최근 3년 동안 창업 관련 센터들이 경쟁하듯 생겨나고 있다. 이때 공간디자인도 중요하지만 그 안을 채우는 문화는 더더욱 중요하다. 둘 다 제대로 마련되지 있지 않으면 소용이 없다. 그런 점에서 코워킹 매니저는 스타벅스를 벤치마킹하면 좋을 듯하다.

— 스타벅스는 가격이 비싼데 왜 계속 줄을 설까?

1999년, 일명 별다방이라고 불린 스타벅스가 서울의 신촌에 진출한다는 소식이 들렸다. 하지만 아무도 관심 갖지 않았다. 그때만 해도 커피전문점이 지금처럼 사람들의 일상에 스며들어 문화가 될 거라고 상상하지 못했기 때문이다. 20년이 지난 지금, 스타벅스는 전국에 1,336개 매장(2019년 11월 현재)을 두고 있으며 전국 대도시의 주요 핵심 상권과 백화

점 등 목 좋은 상권에만 간판을 건다. 특히 건물주들 사이에서 스타벅스를 건물 1층에 유치하면 전체 건물 임대도 잘 되고 매매가가 덩달아 상승한다는 이야기가 검증되어, 2016년엔 매출 1조 원도 돌파했다. 물론 그 이후로도 계속 성장하고 있는 중이다. 20년이 지난 지금, 스타벅스의 성장요인을 자세히 들여다보면 그들은 커피만 팔아서 성공한 것이 아니다. 커피와 향기, 그리고 경험과 공간을 팔았기 때문에 성공할 수 있었다. 스타벅스의 공간을 살펴보면 우리가 일하는 공간을 어떻게 만들어가야 성공할 수 있는지 알 수 있다.

"스타벅스 창업주 하워드 슐츠는 커피라는 본연의 제품과 더불어 편안한 공간에서 여유를 만끽하는 경험이 스타벅스의 진정한 상품이라고 말했다."

이 말은 스타벅스의 핵심 전략이 무엇인지 잘 보여준다. 공간과 문화를 팔기 위한 스타벅스의 전략은 명품화하는 것이었는데, 하워드 슐츠는 핵심 고객층을 고임금 여성근로자나 도시 커리어우먼으로 설정하고 이들의 욕구를 충족시키기 위해 스스로 명품이 되고자 했다. 예상은 적중했고 타깃 고객들은 스타벅스의 고급스러운 이미지와 분위기를 구매하기 시작했다. 스타벅스 로고가 찍힌 상품이 불티나게 팔린 것도 이 때문이다.

스타벅스는 특히 공간에 신경을 많이 썼다. 국내에 있는 위워크의 코워킹 스페이스처럼, 쾌적한 매장, 편안한 의자, 다양한 서비스 등을 제공하여 사람들이 스타벅스에 머물고 싶게 만들었다. 매장 곳곳에 마련된 콘센트도 소비자를 머물게 만드는 하나의 전략이다. 이러한 방식은 실제 카공(카페+공부)족, 코피스(커피+오피스)족을 만들어내며 스타벅스가 문화공간으로 자리매김하는 데 한몫했다.

스타트업들을 위한 공간 역시 얼마든지 스타벅스처럼 꾸밀 수 있다. 필자가 총괄책임자로 지냈던 서울청년창업사관학교와 제주도 스타트업베이는 매 시간마다 코워킹 공간에 흐르는 음악의 분위기를 바꾼다. 오전에는 차분한 음악, 점심식사 이후에는 활기찬 음악을 튼다. 그뿐만 아니라 언제나 먹을거리, 즐길거리가 있고, 코워킹 매니저는 사무실이 아닌 창업가들과 함께 코워킹 스페이스에 나와서 근무를 한다. 한마디로 활력이 넘치는 공간을 만들어 스타트업을 춤추게 만드는 것이다.

이런 공간의 구성이 스타트업의 성과와 연관이 있을까? 물론 그렇다. 스타트업 자체가 열심히 한 것도 있지만, 일하는 사람들과 함께하는 분위기는 일의 능률을 올리는 데에도 큰 영향을 미친다. 코워킹 스페이스의 활기찬 분위기 역시 스타트업에 긍정적으로 작용하여, 성과를 높이는 데 도움이 되는 것으로 나타났다. 이러한 노력들이 실제 타 기관과 다른 탁월한 성과를 만들어내고 있다고 생각한다.

넥스트챌린지재단 본사가 제주라서 사실 나는 매주 1회씩 서귀포를 방문한다. 제주에 창업 생태계 공간인 스타트업베이를 만들고 자투리 시간이 생기면 종종 스타벅스 서귀포DT점을 찾아간다. 단독 건물로 지어진 이곳은 탁 트인 창밖을 바라보면 저 멀리 야자수와 바다가 보인다. 비가 오면 라떼의 향과 어우러진 멋진 공간이 나를 힐링 시켜주기에 충분하다. 창가에 앉아 있으면 창의적인 영감이 막 떠오른다. 일하는 사람에게는 최고의 경험을 선사하는 공간인 셈이다. 덕분에 나도《변종의 늑대》를 쓸 때 이곳을 자주 애용했으며, 스타트업들을 위한 공간이나 사업을 구상할 때도 이곳에서 많은 영감을 받았고, 이런 공간을 만들고 싶다는 생각을 많이 한다.

스타트업+도시재생 +스마트시티+학교 통합 마스터플랜의 필요성

정부와 지자체가 별도의 4개 부서를 총괄하는
창업도시 컨트롤타워를 만들어야
단절이 없고 미래도시가 활력을 찾는다

국토면적의 한계, 인구 감소, 저출산, 고령화, 수도권과 지방의 양극화 등 악재가 수두룩한 상황에서 지역 도시의 활력을 넣으려면 그저 유망 스타트업을 유치하고 발굴하고 인프라를 구축한다고 해서 되는 일이 아니다. 단순히 스타트업의 수만 많아진다고 해서 일자리 창출과 경제가 발전할 것이라고 믿는 것은 유토피아적 발상이다. 국가와 지자체 역시도 매년 도시의 인구유입 정책과 일자리 창출 정책을 세울 때 신도심과 구도심을 연결할 수 있는 방안, 스타트업 인프라와 도시재생, 스마트시티, 초·중·고등학교와 대학의 역할을 할 수 있는 도시의 청사진을 그릴 수 있어야 한다.

현재 정부 국토부, 중기부, 과기부, 교육부도 그렇고 지자체의 각 부서별 단절을 보면 사업을 추진할 때 그저 해외 사례를 따라하고 국내 사례를 녹여서 추진하면 된다는 단순한 생각에 빠져 있는 듯하다. 패스트 팔로워와 퍼스트 무버, 둘 중 어떤 것이 더 경쟁력이 있는지는 뻔히 알고 있는 답이다. 도시만의 차별화된 그림을 먼저 그리고 추진해도 될까 말까 하는데 이래서야 경쟁력이 있을까? 시대가 초연결사회가 되었고 4차 산업은 그 자체로 혁명이다. 전복적인 상상력이 결집되어야 하고 유기적으로 연결해야만 다음 세대에 남겨줄 유산이 될 수 있는 것이다. 그렇지 않으면 단기적인 성과는 낼 수도 있어도 단절이 생겨 지속가능한 성장은 어렵다.

혹여 패스트 팔로워를 하더라도 퍼스트 무버를 내세울 만한 것을 함께 추진하지 않는다면 명품 도시 즉 일류 브랜드가 절대 될 수 없다. 짝퉁은 처음에는 관심이 가도 시간이 흐르면 결국 짝퉁이 되고 만다. 언제나 그랬듯이 진품이 더 인정받기 때문이다. 퍼스트 무버가 가보지 않는 실험적 길이 될 수는 있지만 어차피 창업국가나 창업도시를 꿈꿨다면 누구보다 빠르게 최초를 만들어 성공시켜야 하지 않겠는가?

나는 건축설계, 감리, 디자인 등 건축가로 10년 그리고 창업 3회, 교육기업과 한양대학교 글로벌기업가센터 교수로 경험한 바 있어 운이 좋게도 이를 연결할 줄 아는 두 개의 눈을 지니게 됐다. 그래서 미래도시의 활력을 불어넣기 위해서 스타트업과 도시재생, 스마트시티, 대학(초중고 포함)은 하나가 되어야 한다는 생각을 자주, 절실히 한다. 복잡하게 보일지는 모르지만 위 구성요소들을 잘 융합해서 미래를 그려나간다면 경제가 나아지고 공교육 문제까지도 해결책을 찾을 수 있다고 확신한다. 나아가 저출산, 인구 감소도 해결할 수 있다. 잘 보라. 스타트업 자체가 기적의 교육법이고 일자리 창출이고 4차 산업혁명의 '딥 체인지'를 만들 수 있는 히든카드다.

정부의 역할과 지자체 일자리 창업 전담부서의 역할

사실 창업은 해본 사람이 가장 잘 안다. 그런데 창업을 지원하는 부서의 공무원들 중 실제 창업을 해본 사람이 몇 명이나 될까. 아시다시피 개방직 공모를 통해 선발한 소수를 빼고는 대부분 공시족 출신들이다. 이들은 창업 환경도 잘 모르지만 창업가와 성향 또한 완전히 다르다. 창업가들은 변종의 늑대이고 야성적이다. DNA부터 다르고, 거기에서 온도의 차이가 발생할 수밖에 없다는 것을 우리 모두 깨달아야 한다. 그래서 공무원들을 다른 창업 도시로 해외연수를 보낼 게 아니라 창업 담당 부서에 있는 공무원들에게 실제로 월급 받지 말고 1년만이라도 스타트업을 해보라고 말해주고 싶다. 나는 이름만 들어도 알 수 있는 공기업 사내벤처를 1년 정도 액셀러레이팅 해준 적이 있는데 윗사람에게 사내벤처의 방향성을 듣고는 이건 하나마나 실패할 거라고 이야기를 했다. 그 이유는 단 하나. 창업가는 절박함이 없이는 성공할 수 없는데 월급 꼬박꼬박 받고 실패하면 언제든지 본인의 자리로 다시 돌아올 수 있기 때문이다. 기가 막힐 노릇 아닌가? 실제로 1년이 지나 결정권자가 바뀌고 사내벤처제도는 폐지됐다.

창업은 말 그대로 무장해제한 채로 전쟁터에 내 몸을 내던지는 것이다. 창, 칼, 갑옷 다 만들어주고 심지어 요새까지 지어주면서 죽을 각오로 싸우라고 말할 수 있을까? 이건 죽을 것 같으면 요새로 다시 돌아오라는 말과 같다. 그리고 이게 바로 대한민국의 현실이다. 꼭 공공기관만 그런 것이 아닐 수 있다. 공기업, 대기업, 중견기업 사내벤처, 신사업 분야에 있는 모든 사람들이 대상이다.

정부도 기업도 마찬가지지만 사내벤처나 해외연수 제도에 조언을 하자면, 1년 뒤 돌아올 수 있다는 보장은 해주되 급여는 주면 안 된다. 그 기간만큼이라도 창업가들이 느끼는 절박함이 무엇인지를 배워야 한다. 다만 과감한 도전에 따른 인센티브를 따로 주는 건 필요하다. 사업하는 동안 오히려 급여가 밀렸을 때 창업자들이 내몰린 절실한 마음이라도 알고 돌아오는 게 진정한 배움이 아닐까 한다. 이를 통해 고뇌하고, 거기에서 나오는 진정한 울컥거림이 정책에 반영돼야 할 것이다.

정책을 만드는 공무원들은 대부분 창업가의 애절한 마음을 제대로 알지 못한다. 그런데 어떻게 창업정책이 창업가들의 피부에 와닿게 만들어질 수 있겠는가. 정부와 지자체는 예산 사용과 행정 감사에 대한 규칙만 지키고 나머지는 간섭하면 안 된다. 현재 모든 전문가들이 얘기하듯이 판을 깔아주고 예산만 지원해주고 제대로 시행했는지 회계 감사만 하면 된다.

공간, 인프라를 계획할 때

스타트업 생태계를 만드는 데 필요한 첫 번째가 공간이라고 했다. 그래서 인프라 구축에 대한 설계와 정책을 세울 때 다음을 고려해야 한다.

첫째, 건물을 새로 지을 때(신축) 건축사사무소의 역할이 매우 중요하다. 새로 지을 때는 외관이 중요하기 때문에 건축사사무소에 찾아가거나 현상설계공모전을 통해서 외관만 디자인을 맡기는 것이다. 내부 인테리어 설계는 공간 설계에 철학이 있는 디자인 업체에게 입찰 공고를 따로 내는 것이 좋다. 또한 과업지침을 자세히 적어주는 것이 중요하다.

둘째, 기존 건축물을 리모델링할 때는 미술디자이너, 공간디자이너 즉 예술디자이너의 역할이 70%이고 나머지 30%는 일반적인 인테리어 시공업체에 달렸다. 하지만 안타깝게도 지금 창업 공간을 설계할 때 모두 건축사사무소에 권한을 준다. 이건 치명적인 실수이다. 건축사는 보통 외부 설계를 하지, 내부 인테리어는 하지 않는 곳이 대부분이다.

그런데 창업 공간은 인테리어만 한다고 되는 것이 아니다. 스타트업 생태계를 이해해야 한다. 한마디로 현재 건축사들은 이를 모르는 상황에서 공간을 디자인하는 것이다. 그래서 대부분 공간이 스타트업 생태계와 맞지 않다. 이걸 무시했기 때문에 청년들이 머물고 싶은 공간이 아니라 그들이 느끼기에 딱딱한 공간이 되는 것이다. 그래서 보통 정부가 만든 대부분의 공간 인테리어는 돈을 퍼부어서 깔끔하게는 되어 있지만 청년들이 느끼는 숨결과 '힙'한 문화가 없다. 금세 다시 가고 싶지 않는 공간으로 퇴색된다. 그래서 대부분 일하는 직원만 있고 이용하는 사람들은 없는, 텅 빈 공간이 되는 것이다.

가장 좋은 것은 양쪽을 다 이해하는 사람이 PM을 맡거나 아니면 두 분야의 책임자와 충분히 소통을 해서 만드는 것이다. 이게 안 된다면 컨소시엄을 통해 해결하되 정확한 지침이 있어야 한다. 스타트업 생태계 전문가를 통해서 반드시 조언을 구해야 한다.

달라지는 직업 패러다임, 부모들이 해야 할 일

새로운 인생 사이클에 적응하는 법

잠재력과 폭발적인 성장 가능성을 가진 스타트업이 대한민국 발전의 최선두에 서서 견인하려면 어떤 노력이 필요할까. 앞서 말한 것처럼 정부와 지자체의 적극적인 노력 하에 다양한 정책을 펼치는 것도 중요하지만, 스타트업을 이끌어갈 인재, 그들을 키우는 부모들이 바뀌어야 한다. 그들의 궁극적 역할과 스타트업에 대한 부정적인 인식이 바뀌지 않고서는 스타트업 인재를 키우기가 어렵기 때문이다.

어렸을 때부터 부모들의 과도한 보호 아래 자라왔던 청년일수록 자신의 미래를 스스로 결정하지 못하는 경우가 많다.

또한 이런 경우에 부모와 자녀가 대립하거나 부모가 심하게 반대하게 되면 청년들의 발목이 잡힌다. 아무리 세상이 달라졌다고 하지만 아직 자녀들의 창업을 뜯어말리는 부모가 많다. 2018년에 실시한 한 설문조사에 따르면, '자녀의 창업을 반대한다.'라는 의견이 72%에 달했다. 점점 창업에 대한 인식이 좋아지는 추세라고는 하지만, 내가 만나본 청년 창업자들 중에 부모님이 흔쾌하게 창업에 동의한 경우는 극소수에 불과했다. 물론 이러한 현상을 두고 '부모들이 스타트업의 의미와 진정한 가능성을 몰라서 그렇다.'라며 탓할 수는 없다. 부모들이 자녀의 창업을 반대하는 것은 자녀가 고생하지 않기를 바라는 마음, 결국 사랑에 기인하기 때문이다.

실패에 대한 관점의 전환

창업에 대한 부모들의 부정적인 인식은 현재 입시 위주의 교육과 공고하게 결합되어 있다. 지식 위주의 교육을 통해서 '좋은 대학'을 들어가고, '좋은 직장'에 들어가는 것이 우리 사회에서는 최고의 선(善)으로 여겨지기 때문이다. 특히 부모들의 생각과 입시 위주의 시스템은 매우 비슷한 기준 하나를 가지고 있다. 그것은 바로 '실패를 용납하지 않는 것'이다. 학교에서 공부를 못하면(성적 올리는 것에 실패하면), 낙오된다고 생각하고, 좋은 대학에 들어가는 것에 실패하면 역시나 인생의 등급이 크게 떨어진 것이라고 생각한다. 공무원 시험에서 떨어지면 인생을 허송세월로 보내고 결국 나이 들어 아무것도 할 수 없는 폐인이 되는 것이라고 생각한다.

지금 우리 사회의 부모들의 인식과 입시 위주의 교육 시스템은 패배에 관해서 매우 야멸찬 태도를 가지고 있다. 이런 태도는 스타트업을 키우는 데 한마디로 '쥐약'이다. 세계 최고의 창업 환경을 가지고 있다는 미국조차도 벤처기업의 초창기 실패율이 80%에 달한다. 성공한 기업 역시 평균 2.3회의 실패 경험을 가지고 있기 때문이다. 스타트업의 세계로 진입하는 것 그 자체가 이미 '실패'의 과정으로 걸어 들어가는 것일 수도 있다. 그러니 부모들에게 창업은 '자녀를 망치는 길'처럼 보이는 것도 어찌보면 당연한 일이다.

하지만 생각을 조금만 바꿔 보면 스타트업 창업은 청년들에게 질적으로 다른 삶을 선물해줄 수 있다. 개인적인 면이나 사회적인 측면, 좀 더 장기적으로 국가적인 차원에서 봐도 그 선물은 긍정적이다. 지금도 그렇지만 앞으로는 직업에 대한 기준이 완전히 달라질 것이다. 지금 부모 세대들이 가지고 있는 '좋은 직업의 기준'은 미래에 완전히 사라질 가능성이 크다. 일반적으로 좋은 직업이라면 대체적으로 법조계, 의료계, 금융계를 많이 꼽는다. 하지만 이러한 직업들이야말로 미래에는 거의 인기 없는 직업이 될 가능성이 상당히 높다. 우선 법조계를 살펴보자. 기업 간 지식분쟁에서 세계 최고의 권위자이자 30년간 판사로 재직한 미국 연방순회항소법원장 랜들 레이더 조지워싱턴대 교수는 2017년 한 국내의 지식 포럼에 참석해 이렇게 말했다. "인공지능이 판사는 물론이고 법조계 대다수의 일자리를 대체할 것이다. 그렇게 되기까지는 5년도 채 걸리지 않을 것이다."

직업으로서의 스타트업

의료계도 상황은 마찬가지다. 2019년 순천향대학교 서울병원 내과 오송희 · 권순효 교수팀이 총 669명의 의사 및 의대학생을 조사한 결과, 전체의 44%에 가까운 사람들이 '인공지능이 인간 의사보다 우수한 진단을 내릴 수 있다.'라고 답했다. 그중 35%는 '인공지능이 직업적으로 의사를 대체할 수 있다.'라는 것에 동의했다. 의사 스스로 인공지능이 자신들의 일자리를 대체할 수 있다고 보는 것은 일반인들이 보기에도 매우 놀라운 사실일 것이다.

금융계도 상황은 마찬가지다. 미국 시티그룹이 지난 2018년 발간한 보고서에 따르면 오는 2025년의 은행 인력은 지난 2008년에 비해 무려 50% 수준이나 감소할 것으로 봤다. 금융 분야에서는 회계사도 꽤 인기 있는 직종이었지만, 이미 장기적으로 회계사의 94%가 대체될 것이라는 예견이 나오고 있다.

그렇다면 대기업이라고 상황이 다를까? 사실 안정적 직장으로 최고의 대우를 받았던 대기업은 이미 그 의미를 상실하고 있다. 40대 중반부터 퇴직을 준비해야 하기 때문. 100세 시대를 넘어 200세 시대를 바라보는 미래에 대기업만큼 열악한 직장도 없는 셈이다. 뿐만 아니라 대기업에서는 나이가 들수록 관리직으로 전환되어, 자신만의 특화된 역량이나 전문적인 지식을 쌓기가 불가능하다. '관리 능력'이라는 것은 회사 내에만 유효한 것이지, 사회에 홀로 내던져졌을 때는 쓸 수 있는 곳이 별로 없다.

과거 좋은 직업이라고 여겨졌던 기준들이 점점 사라지게 되면서 미래에 어떤 직업이 좋을지, 어떤 직업이 살아남을지조차 예상하는 것이 어려워졌다. 그러나 이러한 혼돈 속에서도 변하지 않을 유망한 직업이 있으니, 그것이 바로 스타트업이다. 스타트업이란 '청년 세대가 창업하는 것'에 그치지 않는다. 평생 새로운 기술, 새로운 서비스를 연구하고 개발하면서 비즈니스를 해나가는 것을 의미한다. 시대의 변화에 늘 관심을 두면서 그 트렌드를 따라가는 것은 물론이고, 어떨 때는 트렌드를 선도할 수 있어야 한다. 그 과정에서 자신의 직업적 행복과 정체성을 찾는 것도 스타트업의 생리다. 그런 점에서 스타트업은 그저 단순한 '창업'이나 '돈벌이'가 아니라 그 자체가 직업인 셈이다.

특히 앞으로의 시대는 흔히 말하는 '인생 사이클'이라는 것이 달라질 것이다. 과거에는 '젊었을 때 열심히 일하고 은퇴 후에 편안하게 살자.'라는 인생에 대한 이분법이 가능했다. 하지만 이러한 방식은 한 직장에서 최소 30년 이상 근무하고, 안정적으로 은퇴하고, 적당한 나이에 죽을 수 있을 때 가능한 이야기다. 지금은 물론이고 앞으로도 한 회사에서 30년을 근무한다거나, 그 시기에 아무런 어려움도 없이 안정적으로 은퇴하는 것은 힘든 일이다. 거기다가 수명은 더욱 늘어날 것이기 때문에 연금만으로는 경제적 부족함 없이 생활을 영위하기란 더 어려워질 것이다.

미래에는 끊임없이 자신의 직업을 바꾸고, 새로운 시대에 적응하고, 강력한 생존력을 지닌 사람일수록 더 온전하게, 자기답게, 행복하게 살아갈 수 있을 것이다. 그리고 바로 이러한 '직업적 자질'을 채워줄 수 있는 것이 스타트업이 될 것이다. 물론 그렇다고 모든 이들이 스타트업을 통해 창업할 수는 없다. 하지만 최소한 스타트업을 선택지로 생각할 만큼은 의식 수준은 되어야 한다. 스타트업에 대해 충분히 알고, 할지 말지 선택하는 것과 그런 선택지가 있는지, 그것이 내 삶을 어떻게 바꿔줄지 아예 모르는 것과는 천지차이다.

지금은 너무 많은 사람들이 스타트업의 세계에 대해 정확하게 알지 못하고 있다. 특히 그것이 미래의 변화를 정확하게 읽지 못하는 부모들의 판단 때문이라면, 지금의 좋은 직업이 앞으로도 좋은 기업일 것이라는 잘못된 예상 때문이라면 너무나 안타까운 일 아닌가. 더 많은 청년이 스타트업을 직업으로 삼을 때, 정부와 사회가 이러한 도전에 대한 안전장치를 만들어주고 지원해줄 때, 부모들이 스타트업을 시작해도 좋다고, 먼저 가능성을 제시하고 그들이 할 수 있게 독려해줄 때 비로소 대한민국은 세계적인 스타트업 강국으로 발돋움할 수 있을 것이다.

에필로그

스타트업은 '기적의 교육법'이다

교육은 100년을 내다보고 해야 하는 일이다. 물론 '100년'이라는 시간은 상징적인 의미일 뿐, 다가올 미래는 물론 내다볼 수 없는 미래까지 염두에 두어야 한다는 말이다. 나는 스타트업 생태계의 최전선에서 10년 넘게 일해 오며 수많은 이들의 시작과 성장, 실패와 성공을 보았다. 막 시작한 그들이 점점 더 놀랍도록 성장하는 모습을 지켜보면서 깨달은 것이 하나 있다. 스타트업이야말로 개인은 물론 국가를 성장시키는 기적의 교육법이라는 것이다. 이것을 확신하기 때문에 지금도 창업 현장에 있는 이들, 앞으로 이 현장으로 유입될 미래 인재들을 키워내는 교육 문제에 열을 올리고 있는 것이다.

누군가는 돈을 버는 회사를 차리고 성공시키는 것이 교육과 무슨 관련이 있냐고 반문할 수 있다. 하지만 그것은 스타트업의 외형만 보고 하는 말이다. 그 이면에서 한 사람을 성장시키는 교육적 효과를 보지 못했기 때문이다.

스타트업을 한다는 것은 자신의 생각을 세상에 던지는 일이다. 그 과정에서 어떤 한계에 부딪히더라도 자신이 던진 생각과 물음에 답하기 위해 창업가들은 기꺼이 그 한계를 밀어내고 앞으로 나아간다. 가능한 모든 수단을 동원해 자신을 증명해 보인다. 그 과정에서 창의적 발상은 물론 책임감, 리더십, 헌신, 열정, 기업가정신 등을 체득하게 된다. 뿐만 아니라 타인과 협업을 통해 연대의 정신도 기를 수 있다. 사람의 본질을 알기 위해 문학, 역사, 철학도 공부해야 하고, 인문학도 중요하게 다뤄야 한다.

돈을 번다는 것은 이 사회에서 가장 한정되고 귀한 재화를 자신의 것으로 만드는 일이다. 이러한 재화를 손에 넣기 위해서는 스스로의 역량을 최대치로 만들지 않으면 안 된다. 그러니 그 모든 과정이 바로 인생에 필요한 공부이고 교육이다. 그리고 이 모든 것을 스스로 해낼 수밖에 없으니 '기적의 교육법'이라고 해도 결코 과언이 아닐 것이다. 더구나 성공한 스타트업이 많이 생긴다는 것은 곧 국민을 먹여 살릴

위대한 기업가를 만드는 일이기도 하다. 이러한 환경이야 말로 대한민국의 100년을 희망으로 그리는 과정일 것이다.

세상이 변했다고 한다. 그야말로 새로운 교육이 절실하다고 많은 이들이 말한다. 하지만 그렇게 말하면서도 우리가 배우는 교육의 시스템을 쉽게 버리지 못한다. 안주하고 싶어 한다. 지금 대한민국은 우마차의 시대와 전기차의 시대를 동시에 겪고 있다. 한쪽에서는 상상도 못할 아이디어를 현실로 만들고 있는데, 다른 한쪽에서는 그런 아이디어가 존재하는지도 모른다.

이러한 양극화는 세대 간의 갈등을 더욱 고조시킬 것이다. 극명하게 갈린 문화와 환경은 진영 간의 충돌을 부를 것이다. 이것이 심화되면 상대에 대한 혐오, 공격, 분열이 계속될 것이다. 그렇게 되는 것을 보고만 있을 것인가? 아니면 도전적이고 열정적인, 변화를 선도하는 새로운 교육을 확산시키는 데 힘을 보탤 것인가. 무엇이 지금 우리 사회가 가진 문제를 줄이는 길인지 생각해보길 바란다.

지금 우리나라는 거대한 변곡의 파도에 올라탔다. 지난 70년간 고착됐던 남북관계는 물론 한일관계가 변화될 조짐을 보이고 있으며 4차 산업혁명은 일상을 변화시키는 진보와 기득권자들의 저항이라는 양분된 상황을 몰고 오고 있다.

더욱이 미국과 중국을 중심으로 국제 질서의 재편이 시도되고 있기 때문에 혼란은 더 가속화될 것이다. 그러나 혼란은 곧 기회다. 기존의 판이 흔들려야 과거에 육중한 패러다임에 짓눌린 새로운 세력들이 일어설 수 있다. 그리고 이러한 변화는 반드시 새로운 길을 만들어 낸다. 당신에게는 이 혼란을 틈 타 기회를 쥐고, 패러다임을 흔들고, 새로운 길을 낼 만한 역량이 충분하다.

끝으로 이 책이 나오기까지 함께 애써준 넥스트챌린지재단 식구들, 열렬히 지지해준 사랑하는 가족들, 긴 글을 읽어주신 독자분들에게 감사드린다. 이 책이 새로운 교육의 변화와 스타트업에 대한 인식의 변화, 그리고 대한민국의 미래 100년에 조그마한 도움이 되기를 기대한다.

참고 문헌

Chapter 1 '변종'이 나타났다!

- 최세경, 이준호, 홍성철, 홍운선, 〈중소기업 중심의 국가경제 실현 방안〉, 정책 연구 보고서 제18-22호, 중소기업연구원, 2018. 12. 31.
- "대기업 중심 성장의 한계 입증한 OECD 보고서", 경향신문, 2017. 10. 10.
- 강지남, "적어도 개꼰대는 되지 말자(《90년생이 온다》 임홍택 저자 인터뷰)", 〈주간동아〉 1174호, 2019. 1. 28.
- 이성규, "혁신 세계 1위, 스위스의 비결은?", 사이언스타임즈, 2019. 4. 19.
- 김현민, "실업률 2.4% 스위스의 비결… 시장자율, 직업훈련", 오피니언뉴스, 2018. 11. 3.

Chapter 2 일자리 천국을 만들어내다

- 조길수, 〈4차 산업혁명 주도기술 기반 국내 스타트업의 현황 및 육성방안〉, 이슈위클리 보고서 2017-04(통권 제210호), 한국과학기술기획평가원, 2017. 11. 01.
- 유효상, "4차 산업혁명시대는 누가 이끌 것인가?", 오늘경제, 2017. 9. 18.
- 김도윤, "문화는 없고 유행만 있는 대한민국 스타트업", 〈스타트업투데이〉, 2019. 1. 17.
- 장소희, "삼성전자, 올 상반기 M&A 단 2건", 뉴데일리, 2019. 8. 16.
- 민지혜, "K 뷰티에 반한 에스티로더, 닥터자르트 1兆대에 인수", 한국경제, 2019. 11. 18.
- 김정욱, "'10년 안에 40% 기업 사라진다' 기업 생존방식 빅뱅 시작", 매일경제, 2016. 1. 3.
- '왜 모든 기업들은 스타트업이 되어야 할까(《린스타트업》 저자 에릭 리스와의

인터뷰', GE리포트 코리아, 2016. 4. 26.
- 황시영, 우경희, "'3년내 다 없애라'는 최태원… 우버 · 구글 하청업체 전략할라 절박감", 머니투데이, 2019. 11. 14.
- 장창민, "청바지 출근에 '노 테이블 미팅'까지… 현대자동차그룹, 정의선發 혁신 · 소통 바람", 한국경제, 2019. 7. 15.
- 이위재, '실리콘밸리의 대부, 스티븐 블랭크', 조선미디어 블로그, 2015. 2. 21.
- 정민정, "필리핀 야시장에서 떡볶이 팔아 대박 낸 비결은?", 서울경제, 2017. 10. 1.
- 아산나눔재단, 구글 스타트업 캠퍼스, 스타트업얼라이언스, 코리아스타트업포럼, 〈스타트업 생태계 활성화를 위한 스타트업코리아!〉, 2019 스타트업코리아! 정책 제안 발표회에서 보고서 발제, 2019. 8. 20.
- 손재권, "미래 10년 일자리는 스타트업이 만든다", 매일경제, 2018. 1. 19.

Chapter 3 질주하는 글로벌 야생 공화국

- 이예화, "프랑스에서 스타트업을 해야 하는 이유", 벤처스퀘어, 2018. 7. 9.
- 조현주, "프랑스를 스타트업 성지로 '디지털공화국법'이 뭐기에…", 〈주간조선〉, 2019. 3. 25.
- 원우식, "과연! 공무원들의 천국 프랑스… 3분의 1은 週 35시간도 일 안 해", 조선일보, 2019. 3. 28.
- 동정민, "청년 꿈꾸게, 3000억 원 쾌척 佛 스타트업 대부", 동아일보, 2017. 9. 7.
- 김광수, "한국 IT서비스산업, 왜 인도보다 뒤처질까", 오마이뉴스, 2010. 2. 23.
- 이휘, '2018년 인도 스타트업 현황', 한국무역협회 마켓리포트, 2018. 11. 16.
- 서찬동, 박용범, "창업허브 핀란드에 '유럽투자자 – 韓스타트업 연결거점'", 매일경제, 2019. 6. 11.
- 김영은, "인구 550만 핀란드, 유럽 '스타트업 요람'된 이유", 〈한국경제매거진(한경 비즈니스)〉제1138호, 2017. 9. 20.
- 김지현, '핀란드 스타트업 절반 배출, 알토대학의 비결', 모바일 콘텐츠 플랫폼

1boon 내 티타임즈 채널, 2019. 6. 13.

- 오인제, "핀란드 Start-up 지원기관 Business Finland의 지원 정책", 코트라 해외시장 뉴스, 2018. 11. 28.
- 이장훈, "스타트업의 성지가 된 에스토니아 성공 비결", 〈한국경제매거진(머니)〉제158호, 2018. 7. 2
- 최진홍, "에스토니아 최초 여성 대통령의 화두 '정부의 ICT 활용'", 이코노믹리뷰, 2018. 10. 12.
- 이재철, 김정환, 황순민, "15분 만에 창업 · 법인세 0… 전 세계 스타트업 빨아들인 에스토니아", 매일경제, 2017. 12. 27.
- 허경주, "블록체인 입은 전자정부 'e-에스토니아'", 한국일보, 2018. 7. 11.
- 우은정, "성공 사례로 알아보는 美 LA지역 창업 동향", 코트라 해외시장 뉴스, 2018. 12. 1.
- 유주경, "실리콘밸리 스타트업 바이블 시리즈 ③ - 한국 스타트업 생태계가 나아가야 할 방향", 코트라 해외시장 뉴스, 2019. 5. 2.
- 장우정, "콘텐츠의 도시 LA, 脫실리콘밸리 선두에 서다", 〈이코노미조선〉 281호, 2018. 12. 31.
- 윤준탁, '실리콘앨리 2017: Silicon Alley Again', 버티컬 플랫폼 2017. 4. 2.
- 이윤희, "실리콘밸리 지고 '실리콘앨리' 뜬다", 이코노믹리뷰, 2015. 8. 4.
- 김수연, "미국 뉴욕의 창업 열기, 실리콘앨리로 모인다", 코트라 해외시장 뉴스, 2014. 9. 16.
- 전후석, "스타트업 장려하는 뉴욕의 창업정책", 코트라 해외시장 뉴스, 2016. 3. 10.

Chapter 4 토종 늑대들이 뛴다

- 김영록, 김민지, 《더 스타트업 카르텔》, 티핑포인트, 2017.
- 양선우, "우후죽순 벤처캐피탈… 스타트업에서 꼽히는 'SKY캐슬'은?", 인베스트조선, 2019. 2. 8.
- 한국무역협회 국제무역연구원, 《START UP, 글로벌을 겨냥하라》, 한국무역협회, 2018.
- 최윤경, '나는 꿈이 있습니다 ㈜힐세리온 류정원 대표', 네이버포스트 내 월간 기업나라 채널, 2019. 2. 1.

• 김준동, "핀란드의 '진짜' 크기", 아시아경제, 2019. 6. 10.

Chapter 5 늑대의 야생성을 키워주는 사회

• 송현, "미네르바스쿨 '올해 첫 졸업생 진로, 아이비리그보다 성과'", 조선비즈, 2019. 5. 11.
• "에스토니아는 그 자체가 '블록체인 스타트업'", 〈월간 앱(APP)〉, 2018. 7. 23.
• 류은주, "규제가 스타트업의 유니콘기업 성장 막는다", IT조선, 2019. 1. 17.
• 손요한, '혁신의 시대, 정부 역할은 무엇인가', 플래텀, 2018. 11. 8.
• 정윤주, '매출 1조 원, 스타벅스가 국내에서 성공한 원인 10가지', YTN, 2017. 3. 16.
• 연규욱, "랜들 레이더 전 美연방항소법원장, '인공지능이 5년 내 판사 대체… 사법 불신 줄어들 것'", 매일경제, 2017. 11. 7.
• 김경은, "스타벅스는 어떻게 까다로운 한국인을 사로잡았나", 〈머니S〉, 2018. 8. 8.
• "2부. 글로벌 창업 시장을 가다 (10) 동남아시아", 전자신문, 2012. 11. 5.
• 김문희, "기업가정신 및 창업 교육 관련 OECD 논의 동향 및 사례", 〈THE HRD RIVIEW〉 2016. 5월호.
• 김도현, '아산형 기업가정신의 탐색', 아산 기업가정신 교육 포럼 1부에서 발표, 아산나눔재단, 2018. 11. 9.

특별 부록

대한민국의 모든 창업 지원제도를 한곳에 모았다!

정부지원금을 얻는 방법

현재 공공기관이나 사회적 기관에는 창업가들을 대상으로 한 많은 창업 지원 프로그램이 있다. 하지만 혼자서 일일이 찾으려면 어디서 찾아야 할지도 모르고, 적지 않은 시간이 들 것이다. 따라서 필요한 정보들을 일목요연하게 정리하여 소개하고자 한다. 여기에서 소개하는 정보들은 '2019년 정부 창업 지원사업 통합 공고'를 바탕으로 한 것들이다. 지원 사업들을 각 분야별로 구분해 놓았으므로, 자신에게 맞는 프로그램을 찾아 활용하면 된다. 특히나 모집 시기는 매년 비슷하므로 참고해두면 유용할 것이다. 좀 더 자세한 정보를 원한다면 해당 기관의 홈페이지나 주관 부서에 전화해 확인하면 된다.

사업화 관련 지원 프로그램

● 청년, 시니어 등 협동조합 창업 지원 사업

협동조합 설립 및 전환·인수 등과 관련해 정책 또는 현장의 수요가 있는 특화 분야별 협동조합 모델을 확산하기 위한 사업이다. 청년, 시니어 등 예비 창업 팀을 대상으로 협력 기관의 전문 분야별 창업 지원 프로그램을 지원하고 협동조합 운영 원리에 기반을 둔 팀 빌딩을 지원한다. 지역사회 문제를 해결하고자 기술을 활용하는 리빙 랩(Living Lab) 방식의 시장조사, 사업모델 구축, 초기 시제품 개발 등 초기 사업화를 지원한다. 또한 그 밖에도 창업에 필요한 멘토링 프로그램을 지원한다. 자금 지원 분야에서는 시제품 제작, 법인 설립 비용, 시장 조사 비용은 물론이고 창업 팀 모집 규모에 따라 지원 금액과 규모를 차등해서 지원한다. 보통 모집 기간은 4~5월 초이다.

〉〉 주관 부서: 기획재정부 협동조합과(044-215-5932), 한국사회적기업진흥원 협동조합본부 설립지원팀(031-697-7731)

● 실험실 특화형 창업 선도대학 육성(한국연구재단)

대학(원) 실험실(Lab)이 보유한 기술을 활용하여 고부가가치 기술 혁신형 창업을 할 수 있도록 대학원 수준의 창업 교육을 제공한다. 인프라 조성 및 기술 기반 창업 인재를 양성하는 것이 목적이다. 학생들에게는 창업 장학금, 학생 창업 수당을, 연구실(Lab)에는 운영비, 창업 전담 교원 인건비를 제공한다. 교육과정에 관해서는 기술 기반 창업 교육과정 개발 및 운영비를 지급한다. 2019년에는 전년도에 선정된 기업을 계속 지원하고 있다.

〉〉 주관 부서: 교육부 교육일자리총괄과(044-203-6818), 한국연구재단 산학협력진흥팀(1544-6118)

● K-Global 액셀러레이터 육성

지능 정보, AR/VR 등 4차 산업혁명 관련 신서비스 모델에 부합하는 특화 전문 액셀러레이터를 육성하고 유망 스타트업을 보육, 투자하는 지원 사업이다. 액셀러레이팅 프로그램을 운영할 수 있는 국내 법인(액셀러레이터)이나 액셀러레이터를 통해 모집, 선발된 창업 팀(스타트업)이 지원 대상이다. 국내외 교육, 멘토링, 네트워킹, 데모데이 등 액셀러레이팅 프로그램을 운영하거나 지원하며 글로벌 네트워크를 구축하고 확장한다. 이를 통해 액셀러레이터들의 자체 역량을 강화하는 데 도움을 준다. 보통 모집 기간은 3월 중에 이뤄진다.

〉〉 주관 부서: 과학기술정보통신부 정보통신기반과(02-2110-2515), 정보통신산업진흥원 글로벌창업팀(043-931-5556)

● K-Global 스타트업 공모전(Hi TechStartup 프로그램)

인공지능, AR/VR 등 미래형 신산업 분야 포함한 ICT 분야에서 창의적이고 혁신적인 아이디어를 공모하거나 발굴하고, 더 나아가 이를 상품화·사업화할 수 있게 지원하는 사업이다. ICT 분야에서 창의적이고 혁신적인 아이디어를 가지고 있거나 우수한 기술을 보유한 창업 초기 스타트업을 지원한다. 주로 국내외 전문가 멘토링 및 교육, 네트워킹 등을 지원하며 우수 스타트업에 대해서는 시상 및 상금을 지급한다. 보통 모집 기간은 3월 중이다.

〉〉 주관 부서: 과학기술정보통신부 정보통신기반과(02-2110-2515), 정보통신산업진흥원 글로벌창업팀(043-931-5556)

● 관광벤처사업 발굴 및 지원

산업 간의 융·복합, IT기술 접목 등 창의적이고 혁신적인 관광산업 아이디어를 발굴 및 지원하며, 이를 통해 관광산업의 외연 확대 및 일자리 창출에 기여한다. 지원 대상은 관광산업 분야의 예비 창업자, 창업 초기 기업, 중소기업 등이다. 3년 미만의 창업자들에게는 인큐베이팅 중심으로 지원하며 관광 상품·서비스 개발비를 지원한다. 또 관광 특화 교육 및 맞춤형 컨설팅도 제공한다. 3년 이상의 창업자에게는 액셀러레이팅을 중심으로 회사가 성장할 수 있게 집중 지원한다. 관광 상품에 대한 서비스 홍보, 마케팅비를 지원하며 국내외 판로 개척 및 홍보를 지원하고 있다. 보통 모집 기간은 1~2월 중이다.

〉〉 주관 부서: 문화체육관광부 관광산업정책과(044-203-2860), 한국관광공사 관광벤처팀(02-729-9462~3)

● 콘텐츠 스타트업 창업 육성 프로그램(창업발전소)

우수한 아이디어와 기술을 보유한 콘텐츠 스타트업이 쉽게 사업을 시작하고 문화벤처기업으로 성장할 수 있도록 육성하고 지원하는 사업이다. 지원 대상은 콘텐츠 예비 창업자(팀)나 창업 3년 이내의 스타트업이다. 멘토링 분야에서는 스타트업별 수요에 따른 1:1 맞춤형 멘토링, 단계별 멘토를 선정, 매칭한 멘토링 등을 지원한다. 마케팅 분야에서는 스타트업 각 분야별 마케팅 전문가를 통한 마케팅 컨설팅, 강연 프로그램을 지원한다. 홍보 분야에서는 스타트업 이슈별 온오프라인 홍보에 도움을 준다. 보통 모집 기간은 상반기이다.

〉〉 주관 부서: 문화체육관광부 문화산업정책과(044-203-2423), 한국콘텐츠진흥원 창업지원팀(02-6441-3641)

● 스포츠산업 액셀러레이터 운영

액셀러레이터 3개소를 통해 스포츠산업 분야 5년 미만 창업자들을 지원하는 투자 연계형 액셀러레이팅 사업이다. 역량 함양 교육, 멘토링, 네트워킹, 사업화, 초기 투자 및 후속 투자 유치 지원, 시제품 제작, 마케팅, 지식재산권 수수료 등의 경비를 지원하고 있다. 보통 모집 기간은 3~5월이다.

〉〉 주관 부서: 문화체육관광부 스포츠산업과(044-203-3157), 국민체육진흥공단 산업지원팀(02-970-9696), 와이앤아처(액셀러레이터, 02-2690-1550), 상상이비즈(액셀러레이터, 070-7743-5709), 컴퍼니비(액셀러레이터, 1544-3769)

● 농산업체 판로 지원

농식품 창업 (시)제품의 시장성 검증을 포함한 온오프라인 홍보 및 판로를 지원한다. 식품 (시)제품, 서비스 등을 보유한 창업 7년 미만 농산업체를 대상으로 한다. 붐붐마켓(서울, 부산, 전주점)에 입점 제품을 평가한 후 전시 및 판매 지원, 온라인(소셜커머스, 오픈마켓) 및 홈쇼핑 등을 통한 판로 지원, 창업 제품의 유통사 MD 상담회 및 품평회를 통한 판로를 지원한다. 모집 기간은 연중 상시다.

〉〉 주관 부서: 농식품부 과학기술정책과(044-201-2460~1), 농업기술실용화재단 벤처창업지원팀(063-919-1416)

● 지역 클러스터 – 병원 연계 창업 인큐베이팅 지원 사업

보건산업 분야의 지역 클러스터(연구 장비 및 창업보육 공간)와 병원(임상)의 보유 자원을 연계하여, 지역 기술 기반의 창업 기업을 육성한다. 창업 7년 이내 기업을 대상으로 하며, '창업 기업 입주 지원' 분야에서는 주관 기관별 창업 아이디어 공모전 프로그램을 통해 선정된 기업들이 클러스터에 마련된 창업 보육 공간에 입주할 수 있도록 지원(사무실, 회의실, 시설 · 장비 사용 등)한다. 또 시제품 제작, 제품 개선, 마케팅, 임상, 시험 · 분석, 투자 연계, 멘토링 등을 지원하며, 주관 기관별 자율 · 특화 프로그램을 운영하고 있다. 보통 모집 기간은 1~2월이다.

〉〉 주관 부서: 보건복지부 보건산업정책과(042-202-2907), 한국보건산업진흥원 보건산업혁신창업센터(02-2095-8486)

● 사회적 기업가 육성 사업

사회적 목적 실현 및 창업의 전 과정을 지원하여 사회문제를 창의적인 방법으로 해결해 나가는 사회적 기업가를 발굴하고 육성하는 사업이다. 지원 대상자는 예비 창업자, 창업 2년 미만 기업, 재도전하는 창업자이다. 창업 자금, 창업 공간, 멘토링, 창업 교육, 사후 관리까지 일괄 지원한다. 보통 모집 기간은 매년 12월과 1월 사이다.

〉〉 **주관 부서: 고용노동부 사회적기업과(044-202-7430), 한국사회적기업진흥원 창업지원팀(031-697-7711~19)**

● 공간 정보 창업 지원

공간 정보 분야의 상품 개발 환경 및 사업 컨설팅 등 인큐베이팅을 지원하여, 창업 기업을 발굴하고 육성하는 사업이다. 지원 대상은 공간 정보 융·복합 아이디어를 보유한 예비 창업자나 창업 기업, 창의적인 아이디어를 가진 대학생 등이다. 공간 정보를 활용한 참신한 아이디어 발굴 및 우수 콘텐츠 창업 지원, 데이터 개방을 통한 '공간 정보 융·복합 비즈니스' 개발 환경을 제공하며, 지원 대상자들은 공유 오피스에 입주할 수 있다.

〉〉 **주관 부서: 국토교통부 국가공간정보센터(044-201-3496), 한국국토정보공사(LX) 일자리혁신부(063-906-5037)**

● 해양수산 창업투자 지원센터

지역별 해양수산 창업투자 지원센터를 지정·운영하여 이 분야의 유망 창업자나 기업에 성장 단계별 맞춤형 창업 투자를 하는 사업이다. 지원 대상은 해양수산 분야 예비 창업자 및 유망 기업이다. 주로 성장 단계별 창업·기업 교육, 마케팅, 시제품 개발, 판로 개척 등을 지원한다. 모집 기간은 각 지역별 창업투자 지원센터 일정에 따라 다르다.

〉〉 **주관 부서: 해양수산부 수산정책과(044-200-5427~8)**

● 해양 신산업 인큐베이팅

해양수산 분야 예비 창업자 및 창업 기업을 육성하고자 컨설팅, 사업화, 투자 유치 지원 등 기업 성장 주기별 맞춤형 프로그램을 제공하는 사업이다. 지원 대상은 해양수산 분야 예비 창업자 및 창업 기업이다.

〉〉 **주관 부서: 해양수산부 해양정책과(044-200-5235), 해양수산과학기술진흥원 기술사업화실(02-3460-4047)**

● 초기창업 패키지

우수한 창업 지원 역량을 보유한 대학, 공공기관 및 민간단체(기업)를 통해 고급기술 및 유망 창업 아이템을 보유한 초기 창업자의 시제품 제작과 투자 유치, 판로 개척 등 성장 지원 프로그램을 지원한다. 지원 대상은 제조 및 지식 서비스 분야 창업 3년 미만 기업이다. 성장 지원 프로그램은 각 주관 기관 별 프로그램 운영 요건에 따라 상이하다. 시제품 개발, 지재권 출원 및 등록, 마케팅 활동 등 창업 사업화에 소요되는 자금을 지원하고 투자 유치, 판로 개척, 기술 확보 및 보호 등 초기창업 기업의 성장과 권역별 산업 연계를 위한 프로그램도 있다. 보통 모집 기간은 3월 말이다.

〉〉 주관 부서: 중소벤처기업부 기술창업과(042-481-4462, 4386), 창업진흥원 초기창업부(042-480-4353~9, 4396~7, 4497~9)

● 예비창업 패키지

4차 산업혁명 분야에서 창업을 준비 중인 예비 창업자의 초기 사업화를 위한 자금 및 전담 멘토 등을 지원하는 사업이다. 예비 창업자의 창업 사업화에 소요되는 비용을 기업별 최대 1억 원까지 지원한다. 또 창업 교육은 물론이고 전담 멘토를 매칭하여 사업 관리 및 창업·경영 자문 서비스 제공한다. 보통 모집 기간은 2월이다.

〉〉 주관 부서: 중소벤처기업부 지식서비스창업과(042-481-3960, 4524), 창업진흥원 예비창업부(042-480-4489, 4389, 4463, 4460)

● 창업성공 패키지(청년창업사관학교)

우수한 창업 아이템과 고급기술을 보유한 초기 창업자를 발굴하고, 창업의 전체 단계를 패키지 방식으로 일괄 지원하여 성공 창업 기업을 육성하는 사업이다. 지원 대상은 제조업 및 지식서비스 업종 영위 기업, 만 39세 이하인 자로 창업 3년 이하 기업의 대표자다. 주로 공간, 코칭, 교육, 기술, 사업비를 지원하고 있다. 보통 모집 기간은 1월이다.

〉〉 주관 부서: 중소벤처기업부 기술창업과(042-481-3991, 4409), 중소기업진흥공단 창업지원처(055-751-9886, 9837)

● 창업도약 패키지 지원 사업

창업 기업의 데스밸리 극복 및 성과 창출을 위해 사업화·성장 촉진 등에 소요되는 자금 및 서비스를 지원한다. 모집 대상은 창업 후 3년 이상 7년 이내 기업이며, 보통 모집 기간은 1~2월이다.

〉〉 주관 부서: 중소벤처기업부 기술창업과(042-481-3991, 4409), 창업진흥원 창업도약부(042-480-4345, 4336)

● 민관공동 창업자 발굴 육성

TIPS(R&D)에 선정된 고기술 창업 기업을 대상으로 시제품 제작, 창업 사업화, 국내외 마케팅 활동에 필요한 자금을 지원하여 기술 창업 성공률을 제고한다. 지원 대상은 사업성 또는 글로벌 진출 가능성이 우수한 TIPS 창업 기업이다. 모집 기간은 따로 정해놓지 않고 연중 수시로 접수, 평가하고 있다.

〉〉 주관 부서: 중소벤처기업부 기술창업과(042-481-4413), 창업진흥원 민관협력부(02-3440-7306), 글로벌창업부(02-3440-7312)

● 재도전성공 패키지

성실하지만 실패를 경험한 (예비) 재도전 기업인을 발굴하여 실패 원인을 분석하고 재도전 교육과 재창업 사업화 등 재창업 전 과정을 지원하는 사업이다. 지원 대상은 (예비) 재창업자 또는 3년 미만의 재창업 기업의 대표자이다. 주로 재창업 교육, 멘토링, 사업화, 보육, 연계 지원까지 재창업의 전 과정을 체계적으로 지원한다. 보통 모집 기간은 2월과 6월이다.

〉〉 주관 부서: 중소벤처기업부 재기지원과(042-481-4530, 4474), 창업진흥원 창업문화재도전부(042-480-4432~7)

● 창업 기업 지원 서비스 바우처

창업 기업 지원 서비스 바우처를 제공하여 창업 활동에 집중할 수 있는 여건을 조성하고 사업 안정화를 도모할 수 있도록 도와준다. 지원 대상은 창업 3년 이내 기업이며, 세무·회계 및 기술 보호를 집중적으로 지원한다. 보통 모집 기간은 3월이다.

〉〉 주관 부서: 중소벤처기업부 지식서비스창업과(042-481-8909), 창업진흥원 예비창업부(042-480-4481, 4475, 4496, 4476)

● 포스트 팁스(Post-TIPS)

TIPS 프로그램을 통해 검증된 우수 졸업 TIPS 창업 기업의 본격적인 성장(Scale-up)을 집중 지원하여 글로벌 스타 기업으로 육성하는 사업이다. 지원 대상은 TIPS 프로그램 최종 평가 결과 '성공' 판정 기업과 TIPS 프로그램 선정 후 국내외 투자 유치 총액 10억 원 이상 달성한 기업이다. 자금 및 기타 다양한 지원을 한다. 모집 기간은 따로 없이 연중 수시로 모집하고 평가한다.

〉〉 주관 부서: 중소벤처기업부 기술창업과(042-481-4413), 창업진흥원 민관협력부(02-3440-7305)

● 사내벤처 육성 프로그램

대기업 등의 혁신 역량을 활용, 분사 창업 기업(팀)의 사업화 및 성장 지원에 필요한 자금 및 서비스를 지원하는 프로그램이다. 지원 대상은 운영기업이 보유 중인 사내창업 후보그룹 중에서, 2인 이상의 팀으로 구성된 사내벤처 팀(예비창업기업)과 운영기업에서 분사(Spin-off)한 3년 이내 창업 기업이다. 사업화자금 및 R&D 자금 등을 연계 지원한다. 모집 기간은 상반기와 하반기에 각각 있다. 자세한 일정은 주관 부서에 문의해보는 것이 좋다.

〉〉 주관 부서: 중소벤처기업부 기술창업과(042-481-4414, 4535), 창업진흥원 민관협력부(02-3440-7307, 7314)

● 글로벌액셀러레이팅

멘토링, 네트워킹, 교육 서비스 지원 등을 통해 국내 유망 창업 기업의 해외 진출을 지원하는 사업이다. 지원 대상은 예비 창업자 및 창업 7년 이내 기업이다. 해외 액셀러레이터와 창업 기업을 매칭하여 1개월 이내의 현지 보육을 통한 해외 진출을 지원한다. 모집 기간은 상반기와 하반기에 각 2회이나, 자세한 일정은 주관 부서에 문의해보는 것이 좋다.

〉〉 주관 부서: 중소벤처기업부 기술창업과(042-481-4414, 4535), 창업진흥원 글로벌창업부(042-480-4348, 4384)

● 장애인 창업 사업화 지원

장애인 예비 창업자 및 업종 전환 희망자에게 창업초기 사업화 비용을 지원하여 창업을 촉진하는 사업이다. 지원금은 최대 1,000만 원이며, 지원 대상 중 39세 이하의 청년 장애인은 최대 2,000만 원까지 지원이 가능하다. 주로 매장 모델링, 초도 물품비, 기술개발 및 시제품 제작, 브랜드 개발, 홈페이지 제작, 마케팅 및 홍보비 등을 지원한다. 모집 기간은 4월과 7월 중이다.

〉〉 주관 부서: 중소벤처기업부 소상공인정책과(042-481-4566), (재)장애인기업종합지원센터 창업지원팀(02-2181-6534)

● 장애인 기업 시제품 제작 지원

기술개발 제품 디자인, 시제품 모형 및 금형제작 등을 지원하여 기술개발 제품 사업화를 지원한다. 지원 대상은 장애인 예비 창업자 및 장애인 기업이다. 최대 2,500만 원 이내에서 제품 디자인 및 시제품 제작비용을 지원한다. 모집 기간은 2월 중이다.

〉〉 주관 부서: 중소벤처기업부 소상공인정책과(042-481-4566), (재)장애인기업종합지원센터 창업지원팀(02-2181-6566)

● 스타트업 특허 바우처

스타트업이 필요한 시기에 원하는 IP서비스를 선택하여 지원받을 수 있도록 바우처를 제공한다. 지원 대상은 소형바우처의 경우 창업 후 3년 미만, 매출액 10억 원 미만 기업이며, 중형바우처의 경우 창업 후 7년 미만, 매출액 100억 원 미만 기업이다. 이용 가능 서비스로는 국내외 IP(특허, 실용신안, 상표, 디자인) 권리화, 특허 조사·분석, 특허기술 가치평가, 기술 이전(라이센싱) 중계 등이다. 모집 기간은 2월에 1차, 5월에 2차 총 2번이다.

〉〉 주관 부서: 특허청 산업재산정책과(042-481-5154), 한국특허전략개발원 정부협력팀(02-3475-1301, 1326)

● 기상기후 산업 청년 창업 지원 사업

사업 아이템 발굴 및 초기 창업자금 지원을 통해 기상기후 분야 창업 저변 확대 및 유망 창업 기업을 육성한다. 지원 대상은 만 34세 이하의 1인 또는 팀 단위(2~5인) 기상기후 분야 청년 예비 창업자이다. 주로 시제품 개발 자금 지원, 심화 전문상담(멘토링), 창업 캠프·창업 경연대회 참가를 지원한다. 모집 기간은 주로 1~2월이다.

〉〉 주관 부서: 기상청 기상서비스정책과(02-2181-0846), 한국기상산업기술원 성장지원실(070-5003-5225)

R&D 관련 지원 프로그램

● 농식품 벤처 창업 바우처 지원

성장 잠재력은 있으나 기술개발 역량이 부족한 농식품 창업·벤처기업의 R&D 지원을 통해 성장을 견인하고 기술개발을 지원한다. 지원 대상은 농식품 분야 예비 창업자 또는 창업 초기 중소·벤처기업이다. 주로 사업화 이전 단계 아이디어를 구체화하는 데 필요한 시제품 제작, 연구 개발 및 창업을 지원하며 농식품 분야 초기 벤처·창업기업이 보유한 사업 아이템의 보완·성장을 위해 필요한 기술개발을 지원한다. 보통 모집 기간은 2월이다.

〉〉 주관 부서: 농림축산식품부 과학기술정책과(044-201-2460~1), 농림식품기술기획평가원 수출·사업화팀(031-420-6793)

● 창업 성장 기술개발 사업

성장 잠재력을 보유한 창업 기업의 성장 촉진과 기술 창업 활성화를 도모하기 위해 기술개발을 지원하는 사업이다. 지원 대상은 창업 후 7년 이내 중소기업이다. 모집 기간은 홈페이지를 참조하면 된다.

〉〉 주관 부서: 중소벤처기업부 기술개발과(042-481-4442, 3976), 중소기업기술정보진흥원(042-388-0331~2)

● 재도전 기술개발

우수한 기술력·경영 노하우 등을 보유한 재창업 기업인에게 R&D자금을 지원하여 실패 기업인의 기술·경영 노하우가 사장되는 것을 방지하는 사업이다. 지원 대상은 사업 실패 후 신기술·제품 개발을 준비하는 재창업 7년 미만의 중소기업이다. 주로 개발 총 소요비용의 80%(최대 1.5억 원, 개발 기간 최대 1년)를 지원한다. 모집 기간은 2월이다.

〉〉 주관 부서: 중소벤처기업부 재기지원과(042-481-6844), 중소기업기술정보진흥원 성장지원기획실(042-388-0331, 0186)

창업 교육 관련 지원 프로그램

● 대학창업 교육체제 구축

대학 내 창업 친화적 학사·인사제도를 확산하고, 양질의 창업 교육 콘텐츠를 보급하는 등 창업 교육 인프라를 조성하여 창업인재 양성 및 대학 중심의 창업 생태계 구축 도모하는 사업이다. 지원 대상은 대학과 전문대학의 대학(원)생, 교수 및 대학 내 창업 지원 인력 등이다. 창업 교육에 대한 컨설팅을 실시하고, 대학생 창업 유망 팀 300개를 선발하여 부처 통합 창업 경진대회 출전 기회 부여 및 산학협력 박람회 내 시제품 전시기회 제공 등 단계적·체계적 지원을 한다. 모집 기간은 각 단계별로 6월부터 12월까지이다.

〉〉 주관 부서: 교육부 교육일자리총괄과(044-203-6845)

● 공공기술 기반 시장 연계 창업 지원

이공계 대학원생 등 연구자 중심의 실험실 창업 팀 대상 국내외 시장 탐색 중심 실전형 창업교육(I-Corps) 및 권역별 거점대학 통한 창업보육·사업화 프로그램을 제공한다. 지원 대상은 대학생, 대학원생, 박사 후 연구원 과정 등으로 구성된 (예비) 실험실 창업 팀이다. 주로 美과학재단 창업 교육 프로그램(I-Corps) 활용한 국내외 시장 탐색 중심 실전형 창업 교육, 권역별 거점대학을 통한 창업컨설팅, 멘토링, 시제품 제작지원 등 맞춤형 창업 보육, 투자자·VC 등 대상 사업설명회(IR) 및 데모데이 기회를 제공한다. 모집 기간은 3월이다.

〉〉 주관 부서: 과학기술정보통신부 연구성과일자리정책과(02-2110-2488), 한국연구재단 산학협력진흥팀(042-869-6402)

● 스포츠산업 창업 지원센터 운영

창업 지원센터 6개소를 통해 스포츠산업 분야 예비 창업자 및 3년 미만 창업자를 대상으로 창업 교육(창업아이템 발굴 및 교육)과 창업 보육(시제품 제작, 마케팅, 멘토링 등)을 지원한다. 모집 기간은 3월이다.

〉〉 주관 부서: 문화체육관광부 스포츠산업과(044-203-3157), 국민체육진흥공단 산업지원팀(02-970-9615)

● 농촌현장 창업 보육

농산업·농식품·BT·ICT 분야 예비 창업자 및 창업 초기기업을 대상으로 기술·경영 컨설팅 등을 지원하여 이들이 벤처기업으로 성장할 수 있게 지원하는 사업이다. 창업 단계별로 맞춤형 밀착 지원을 하며, 보육업체 역량 강화 워크숍 및 네트워킹, 전문가 컨설팅, 창업정보 제공 등을 지원한다. 모집 기간은 2월부터 4월이다.

〉〉 주관 부서: 농식품부 과학기술정책과(044-201-2460~1), 농업기술실용화재단 벤처창업지원팀(063-919-1412~20)

● 신사업창업사관학교

성장 가능성이 높은 신사업 아이디어를 기반으로 예비 창업자를 선발하여 이론 교육, 점포 경영체험, 창업 멘토링을 패키지로 지원한다. 지원 대상자는 소상공인 예비 창업자이다. 창업이론 교육, 점포 경영체험 교육, 창업 멘토링, 창업자금을 지원한다. 모집 기간은 상반기와 하반기에 각각 한 번씩 있다. 자세한 일정은 주관 부서에 문의하는 것이 좋다.

〉〉 주관 부서: 중소벤처기업부 소상공인지원과(042-481-4528), 소상공인시장진흥공단 교육지원실(042-363-7841)

● 청소년 비즈쿨

초·중·고생을 대상으로 모의 창업 교육을 통해 꿈, 끼, 도전정신, 진취성 등 기업가정신을 갖춘 융합형 창의인재를 양성하는 사업이다. 비즈쿨 지정·운영, 비즈쿨 캠프, 비즈쿨 교육 지원 등을 한다.

〉〉 주관 부서: 중소벤처기업부 벤처혁신기반과(042-481-1653), 창업진흥원 창업교육부(042-480-4465~6,70)

● 메이커 문화 확산

교육, 체험 등 국민들의 다양한 메이커 활동을 지원하고 전문인력 양성, 네트워크 형성 등을 통해 메이커 문화를 사회 저변에 확대하는 사업이다.

지원 대상은 창작활동에 관심이 있는 모든 국민이다. 초·중·고 학생, 청년 등의 메이커 창작 프로젝트 및 동아리 활동 지원, 초·중·고 교원, 메이커 스페이스 운영자, 강사 등 교육, 이동형 메이커 스페이스 운영, 지역 메이커 네트워크를 활용한 복합프로젝트 및 메이커 행사 개최를 지원한다. 모집 기간은 매년 1월이다.

〉〉 주관 부서: 중소벤처기업부 창업생태계조성과(042-481-4580)

● 실전 창업 교육

유망한 비즈니스 모델을 보유한 예비 창업자를 대상으로 창업실습 교육과 MVP 제작, 비즈니스 모델 검증 등을 지원하여 준비된 창업자를 양성하는 사업이다. 지원 대상은 아이디어 또는 비즈니스 모델을 보유한 예비 창업자이다. 주로 창업실습 교육, 시장 검증을 지원한다. 모집 기간은 2~3월이다.

〉〉 주관 부서: 중소벤처기업부 지식서비스창업과(042-481-1629), 창업진흥원 창업교육부 (042-480-4391~2, 4394)

● 대학 기업가센터

대학의 풍부한 자원 극대화를 통해 교육, 네트워킹, 연구개발을 통한 창업모델 도입·확산을 지원하는 사업이다. 지원 대상은 9개 대학 기업가센터 대학생, 교수 및 교원이다. 창업 전담조직 기능 강화, 창업 강좌 및 교육, 콘텐츠 개발 및 연구, 네트워크 형성을 지원한다. 모집 기간 관련해 자세한 정보가 알고 싶다면 주관 부서에 문의해보길 바란다.

〉〉 주관 부서: 중소벤처기업부 벤처혁신기반과(042-481-1653), 창업진흥원 창업교육부 (042-480-4462)

● 장애인 맞춤형 창업 교육

장애인 창업에 필요한 종합 교육을 제공하여 장애인의 창업 성공을 유도하는 사업이다. 지원 대상은 장애인 예비 창업자 및 업종 전환을 희망하는 기창업자이다. 이들을 대상으로 기초 교육, 컨설팅 프로그램, 특화 교육을 진행한다. 모집 기간은 따로 정해두지 않았으며, 상시 모집한다.

〉〉 주관 부서: 중소벤처기업부 소상공인정책과(042-481-4566), (재)장애인기업종합지원센터 창업지원팀(02-2181-6521)

● IP기반 차세대 영재 기업인 육성

창의성이 뛰어난 소수 정예의 중·고등학생 발명 영재를 향후 신성장 산업을 창출할 지식재산 기반 영재 기업인으로 육성하기 위한 교육을 지원하는 사업이다. 지원 대상은 중학교 1~3학년 또는 그에 준하는 연령(13~16세)대의 지원자다. 온라인 및 오프라인 교육, 지식재산, 기업가정신, 미래기술, 인문학 등 기업인이 갖추어야 할 기초 소양 교육, 협업을 통한 비즈니스 아이디어 창출, 전문가 멘토링을 지원한다. 모집 기간은 9월이다.

〉〉 주관 부서: 특허청 산업재산인력과(042-481-3572), 한국발명진흥회 발명영재교육연구원(02-3459-2927)

시설, 공간 보유 관련 지원 프로그램

● K-Global 빅데이터 스타트업 기술지원

K-ICT 빅데이터센터의 대용량 분석 인프라와 기술 노하우를 바탕으로 작업 공간 및 빅데이터 사업화 기술 지원을 한다. 지원 대상은 빅데이터 기반 예비 창업자 및 신규 비즈니스를 개발하는 예비 창업자·스타트업이다. 작업 공간 지원, 인프라 지원, 기술 교육을 지원한다. 자세한 모집 기간은 주관 부서에 문의하길 바란다.

〉〉 주관 부서: 과학기술정보통신부 융합신산업과(02-2110-2849), 한국정보화진흥원 지능데이터사업팀(053-230-1278)

● 지역주도형 청년 일자리 사업

청년 고용 창출과 지역 정착 유도를 위해 지자체가 중심이 되어 지역 청년 일자리를 창출하는 사업이다. 지원 대상은 미취업 청년이다. 인건비를 제외한 다양한 방식의 사업을 통해 지원금 등 제공하고 창업 지원(공간, 사업화, 컨설팅 등) 또는 고용 친화적 생태계를 조성한다. 모집 기간 및 자세한 지원 내용은 주관 부서에 문의하길 바란다.

〉〉 주관 부서: 행정안전부 지역일자리경제과(02-2100-3868, 4212, 4278)

● 출판지식 창업 보육센터 운영

출판과 관련해 사업화 공간을 제공하고 안정적인 경영 및 성장을 지원함으로써 출판 일자리 창출 및 출판산업 분야의 확산에 기여하고자 출판지식 창업 보육센터를 설립·운영하는 사업이다. 지원 대상은 출판 관련 예비창업자 및 창업 3년 미만인 출판 창업 초기 기업이다. 입주기업 임대료 지원, 도서제작 및 마케팅비를 일부 지원하며, 출판산업 6개 분야 온오프라인 컨설팅 지원 및 입주기업 발간도서를 광고한다. 모집 기간 및 자세한 지원 내용은 주관 부서에 문의하길 바란다.

〉〉 주관 부서: 문화체육관광부 출판인쇄독서진흥과(044-203-3243), 한국출판문화산업진흥원 인재양성팀(02-3153-2900)

● 지역혁신 생태계 구축 지원

전국 17개 창조경제 혁신센터 구축·운영을 통해 지역 인재의 창의적 아이디어 사업화 및 창업 등을 지원한다. 지원 대상은 예비 창업자, 창업 후 3년 미만 기업이다. 창업지원 분야에서는 지역 창업자·기업 간 네트워킹, 마케팅·판로 개척, 글로벌 진출 멘토링, 창업 교육, 투자 유치 IR, 창업 경진대회, 창업 세미나 등을 지원한다. 원스톱서비스 지원 분야에서는 창업 관련 법률·특허·금융·경영 등 컨설팅을 지원한다. 모집 기간 및 지원 관련 자세한 내용은 주관 부서에 문의하길 바란다.

〉〉 **주관 부서: 중소벤처기업부 창업생태계조성과(042-481-1693), 창업진흥원 창업생태계조성T/F팀(042-480-4410~2)**

● 메이커 스페이스 구축

창의적 아이디어를 구현하는 메이커 창작활동 체험, 교육 및 전문 메이커의 사업화 연계 지원을 위한 메이커 스페이스 구축·운영하는 사업이다. 지원 대상은 민간·공공기관 및 단체이다. 일반형은 일반 국민의 메이커 활동 교육, 체험 등을 지원하는 생활밀착형 창작활동 공간을 지원하고, 전문형은 고도화 장비를 구축, 전문 메이커의 시제품 제작 및 사업화 연계 지원을 위한 지역 거점별 공간을 제공한다. 모집 기간 및 지원 관련 자세한 내용은 주관 부서에 문의하길 바란다.

〉〉 **주관 부서: 중소벤처기업부 창업생태계조성과(042-481-4580)**

● 창업 보육센터 운영 지원

사무 공간, 기술·경영 컨설팅 등을 제공하여 창업자가 안정적인 경영 활동 및 지속적인 성장을 할 수 있도록 지원한다. 지원 대상은 예비 창업자 및 3년 미만 창업자이다. 초기(예비)창업자에게는 창업 사업 공간 제공 및 기술·경영 컨설팅 등 사업화를 지원하고 창업 보육센터에는 창업 보육센터 운영에 필요한 매니저 인건비 및 보육 프로그램 운영을 지원한다. 모집 기간 및 지원 관련 자세한 내용은 주관 부서에 문의하길 바란다.

〉〉 **주관 부서: 중소벤처기업부 생태계조성과(042-481-1691, 3968), 한국창업보육협회 사업팀(042-346-9621, 9606)**

● 스타트업파크

창업자, 투자자, 기업, 대학 등 다양한 창업 혁신 주체가 열린 공간에서 자유롭게 네트워킹하며 성장할 수 있도록 창업클러스터를 조성하는 사업이다. 지원 대상은 광역자치단체이다. 스타트업파크로 선정된 지역의 창업 공간, 네트워킹 공간 등 조성에 필요한 리모델링 비용을 50%까지 지원한다. 모집 기간 및 지원 관련 자세한 내용은 주관 부서에 문의하길 바란다.

›› 주관 부서: 중소벤처기업부 창업정책총괄과(042-481-1685), 창업진흥원 창업인프라부(042-480-4485)

● 판교밸리 창업존 운영

신산업 분야 유망 (예비) 창업기업을 발굴하여 입주 공간 제공 및 보육, 글로벌 진출 등 성장을 집중 지원하는 사업이다. 지원 대상은 예비 창업자 및 창업 7년 미만 기업이다. (예비) 창업기업 입주 공간 및 회의실 등 공용 공간을 제공하고 전문가 멘토링, 네트워킹 및 마케팅 등 사업화 지원 등을 한다. 모집 기간 및 지원 관련 자세한 내용은 주관 부서에 문의하길 바란다.

›› 주관 부서: 중소벤처기업부 창업생태계조성과(042-481-4580), 창업진흥원 창업존운영팀(031-5182-9103~5)

● 1인 창조기업 지원센터

사무 공간 및 교육, 전문가 자문 등의 경영 지원 등을 통해 1인 창조기업 육성 및 창업 활성화를 제고한다. 지원 대상은 1인 창조기업이다. 모집 기간은 따로 정해두지 않았고, 연중 상시 모집한다.

›› 주관 부서: 중소벤처기업부 지식서비스창업과(042-481-1688), 창업진흥원 창업인프라부(042-480-4495, 4428)

● 중장년 기술창업센터

중장년(40세 이상) (예비)창업자가 경력 · 네트워크 · 전문성을 활용하여 성공적인 창업할 수 있도록 지원하는 사업이다. 지원 대상은 만 40세 이상 (예비) 창업자(창업 후 3년 이내)이다. 사무 공간, 경영 지원, 창업 교육, 네트워크를 형성하는 데에 도움을 준다. 모집 기간은 센터별로 상이하지만 보통 연중 수시 모집한다.

›› 주관 부서: 중소벤처기업부 창업생태계조성과(042-481-1693), 창업진흥원 창업인프라부(042-480-4385, 4493)

● 소셜벤처 육성

지속적으로 성장 가능한 소셜벤처 육성을 위해 민간 주도의 소셜벤처 역량 강화를 위한 프로그램을 지원하는 사업이다. 지원 대상은 소셜벤처 육성을 희망하는 민간 전문기관 및 창조경제 혁신센터이다. 민간 전문기관을 통해 소셜벤처 BM 재설계, 액셀러레이팅, 네트워킹, 투자 유치, 연계, 멘토링 및 교육 지원 등을 한다. 모집 기간은 상반기다. 자세한 일정은 주관 부서에 문의하는 것이 좋다.

〉〉 주관 부서: 중소벤처기업부 벤처혁신정책과(042-481-4485), 기술보증기금 소셜벤처 가치평가센터(02-3407-2900)

● 장애인 기업 창업보육실 운영

비즈니스 공간 및 정책 정보 제공 등을 통해 장애인 기업의 성장을 지원하는 사업이다. 지원 대상은 장애인 예비 창업자 및 창업 3년 미만의 장애인 기업이다. 창업 공간 및 사무편의 기자재, IT 환경 등을 제공하고, 기업 경쟁력 강화를 위한 교육 및 판로 지원 등 각종 정보를 제공한다. 모집 기간은 별도로 있는 것이 아니라 공실 발생 시 연중 수시 모집한다.

〉〉 주관 부서: 중소벤처기업부 소상공인정책과(042-481-4566), (재)장애인기업종합지원센터 창업육성실(02-2181-6535)

멘토링 및 컨설팅 관련 지원 프로그램

● K-Global 창업 멘토링(ICT혁신기술 멘토링 프로그램)

성공과 실패의 경험을 가진 선배 벤처기업인들의 풍부한 경험과 노하우를 바탕으로 성장 잠재력이 높은 청년 창업가의 기술·경영 애로사항 등을 진단하고 해결방안을 제시하여 혁신 성장을 위한 창업 멘토링 프로그램을 제공하는 사업이다. 지원 대상은 과학기술 분야의 사업초기 또는 재도전기업, (창업초기기업) 창업 후 7년 이내 기업인(단, 바이오 등 R&D 기간이 긴 업종은 창업 10년까지 인정), 창업 경험을 보유한 실질적 경영 참여자이다. 전담 멘토링, 맞춤형 실천 창업 교육, 성장지원 프로그램 등을 제공한다. 모집 기간은 상반기의 경우 2월, 하반기의 경우 8월이다.

〉〉 주관 부서: 과학기술정보통신부 정보통신방송기반과(02-2110-2513), 한국청년기업가정신재단 K-ICT창업멘토링센터(031-778-7452)

● 실험실창업 이노베이터 육성

대학 연구자와 협업하여 실험실 창업 행정·경영 지원 활동을 수행할 창업 전문가(이노베이터)를 육성하고 대학 채용을 지원하는 사업이다. 지원 대상은 고경력 과학기술인, 창업 경력자이다. 실험실 창업 지원 전문가(이노베이터) 육성(5개월 교육, 훈련장려금 지급), 창업 희망 연구실 이노베이터 채용 지원 및 실험실 창업 지원 활동 수행(유망기술 발굴, 사업화모델 개발, 투자유치 등)을 지원한다. 모집 기간은 3월이다.

〉〉 주관 부서: 과학기술정보통신부 연구성과혁신기획과(02-2110-2480), 한국연구재단산학협력진흥팀(042-869-6404)

● K-Global 클라우드 기반 SW 개발환경 지원

클라우드 기반 소프트웨어 개발환경(PaaS/IaaS, 부가서비스 등)을 제공, 제품 기획 및 사업화를 위한 자문, 투자 및 민간 지원 프로그램 연계 등을 추진한다. 지원 대상은 예비창업자, 스타트업 등 창업 3년 이내 기업이다. 개발환경과 활용교육을 지원하며 바우처 방식으로 일정 금액 범위 내에서 개발 환경을 포함하여 GPU, AI, 이미지 처리 등 부가서비스를 제공한다. 모집 기간은 3월이다.

〉〉 주관 부서: 과학기술정보통신부 소프트웨어진흥과(02-2110-1803), 정보통신산업진흥원 클라우드혁신센터(031-606-1523/1670-5005)

● K-Global 시큐리티 스타트업

정보보호 분야 우수 아이디어 및 제품을 보유한 유망 스타트업을 선발하여 멘토링, 네트워킹, 정보보호 인증 교육 등 성장 지원을 통해 우수 정보보호 스타트업으로 육성한다. 지원 대상은 창업 후 3년 이내 기업이다. 정보보호, ICT, R&D, 투자, 글로벌 전문가를 통한 멘토링, VC 심사역, 대기업 등 대상 모의피칭 및 네트워킹, CC 인증 교육 및 심화 컨설팅을 제공한다. 모집 기간은 3월이다.

〉〉 주관 부서: 과학기술정보통신부 정보보호기획과(02-2110-2917), 한국인터넷진흥원 IoT융합보안팀(02-405-5566)

● 농식품 크라우드펀딩 플랫폼 구축·운영

창업 초기에 필요한 자금을 적기에 마련할 수 있는 플랫폼을 구축하여 농식품기업 정보를 제공하고, 소액의 자금 조달 활성화하는 사업이다. 지원 대상 기업으로 '증권형'은 자본시장과 금융투자업에 관한 법률 제9조에 따른 온라인 소액투자 중개업자로 금융위원회에 등록된 업체(공고일 기준)이다. '후원형'은 후원형 크라우드펀딩 사업을 영위하고 있는 업체를 대상으로 한다. 농식품 크라우드펀딩 플랫폼, 크라우드펀딩 참여 희망업체 대상 컨설팅 비용, 크라우드펀딩 참여 희망업체 대상 컨설팅 비용을 지원한다. 모집 기간은 3월이다.

〉〉 주관 부서: 농림축산식품부 과학기술정책과(044-201-2460~1), 농업정책보험금융원 투자기획부(02-3775-6775)

● 아이디어사업화 온라인플랫폼 운영

국민들의 창의적 아이디어를 적극 발굴하고 창업으로 이어지도록 온라인으로 멘토링 등을 지원한다. 지원 대상은 아이디어를 보유한 (예비)창업자 및 일반 국민이다. 국민들의 아이디어 발현을 위한 아이디어 공모전 및 제안된 아이디어에 대한 온라인 멘토링을 중점 지원한다. 모집 기간은 따로 없이 수시로 진행한다. 자세한 사항은 주관 부서에 문의하면 된다.

》 주관 부서: 중소벤처기업부 지식서비스창업과(042-481-4523, 3982), 창업진흥원 창업교육부(042-480-4445)

● 생활혁신형 창업 지원

고급기술 필요 없는 생활 분야 틈새시장의 생활혁신형 창업을 촉진하여 새로운 자리 창출 및 생계형 업종의 과밀화를 방지한다. 지원 대상은 소상공인 예비 창업자이다. 생활혁신형 창업자를 발굴 · 멘토링하고, 성공불 융자(최대 2천만원) 지원 후, 실패 시 상환 면제로 실패 부담을 최소화한다. 모집 기간은 2월에서 11월이다.

》 주관 부서: 중소벤처기업부 소상공인지원과(042-481-4528), 소상공인시장진흥공단교육지원실(042-363-7847)

● 여성벤처 창업 케어 프로그램

여성 벤처창업 CEO 양성 플랫폼을 통해 여성벤처 CEO를 꿈꾸는 예비 창업자의 창업 성공률을 제고하는 사업이다. 지원 대상은 창업 아이템을 보유한 여성 예비 창업자이다. 아이디어 개발을 위한 비즈플랜캠프, 전문 창업 교육 및 선배 CEO 밀착 코칭, 사업화 과제 해결(최대 500만 원) 등을 지원한다. 모집 기간은 2월이다.

》 주관 부서: 중소벤처기업부 벤처혁신정책과(042-481-1639), (사)한국여성벤처협회(02-3440-7469)

● IP 나래 프로그램

창업 기업이 창업 초기부터 IP 문제를 극복하고 안정적 시장 진입 및 중소 · 중견기업으로 성장하도록 기업의 지식재산 경영체계 고도화를 지원한다. 지원 대상은 창업 후 7년 이내 또는 전환 창업 후 5년 이내 중소기업이다. 기업 니즈(Needs)와 전문가의 진단 결과에 따라 IP기술 전략과 IP경영 전략을 포함하는 융 · 복합 컨설팅을 제공한다. 모집 기간은 2월과 6월, 연 2회다.

〉〉 **주관 부서: 특허청 지역산업재산과(042-481-8660), 한국발명진흥회 지역지식재산실(02-3459-2826)**

● IP 디딤돌 프로그램

예비 창업자의 우수 아이디어가 사업 아이템으로 구체화되고 창업까지 연계될 수 있도록 맞춤형 지원 프로그램 운영을 통한 혁신형 창업을 유도하는 프로그램이다. 지원 대상은 창의적 아이디어를 보유한 예비 창업자이다. 아이디어 발굴, 아이디어 창출 교육, 아이디어 고도화, 지식재산 권리화(특허), 3D모형 설계 · 제작 및 창업 컨설팅을 지원한다.

〉〉 **주관 부서: 특허청 지역산업재산과(042-481-8660), 한국발명진흥회 지역지식재산실(02-3459-2838, 2860)**

행사 및 네트워크 관련 지원 프로그램

● 예술 창업 아이디어 경진대회

예술과 기술이 결합한 창업 아이디어 경진대회를 통해 우수 창업 아이디어를 발굴하고, 후속 지원 연계를 통한 예술 창업 촉진과 저변을 확대하는 사업이다. 지원 대상은 예술, 기술, 디자인, 비즈니스 모델 등 각 분야 전문가 및 전공자이다. 예술 창업 아이디어 경진대회 '예술 해커톤' 개최 및 포상, 예술 해커톤 이후 기술 및 특허 등 전문가 1:1 맞춤형 후속 컨설팅 지원, 참가 팀 대상 시제품 개발 및 비즈니스 모델 구축 등 창업 아이디어 사업화 개발 지원, 참가 팀 대상 상품 제작 및 서비스 판매 · 유통 등 사업화 자금 지원 사업 등을 지원한다. 모집 기간은 3~11월이며, 보통 2회 정도 모집한다. 자세한 사항은 주관 부서에 문의하길 바란다.

〉〉 **주관 부서: 문화체육관광부 예술정책과(044-203-2713), (재)예술경영지원센터 인력양성팀(02-708-2249)**

● 환경창업대전(Eco+StartUp Fair)

환경분야 현안사항에 대해 창의적이고 실현 가능한 아이디어 발굴 및 유망 환경사업 아이템을 보유한 기업을 발굴하여 환경분야 혁신 성장 및 일자리 창출에 기여하는 사업이다. 지원 대상은 전 국민 및 창업 7년 이내 창업 기업이다. 환경 아이디어 공모, 환경 창업동아리 모집, 환경 창업 스타기업 선발 사업을 지원한다. 모집 기간은 8~9월이다.

〉〉 주관 부서: 환경부 환경산업경제과(041-201-6699), 한국환경산업기술원 연구단지기획팀(032-540-2133)

● 글로벌 스타트업 페스티벌

창업 열기 확산을 위해 스타트업, 투자자 등 창업 생태계 주체간 미래 발전상을 함께 모색하는 장을 마련하는 사업이다. 지원 대상은 벤처·창업기업, 청년 기업, 1인 창조기업, 유관기관 등이다. 대기업-스타트업의 상생 협력, 글로벌 스타트업 네트워킹, 투자 유치, 파트너십 체결 등을 지원한다. 모집 기간은 10월이다.

〉〉 주관 부서: 중소벤처기업부 지식서비스창업과(042-481-4523, 3982), 창업진흥원 창업문화재도전부(042-480-4440, 4441)

● 대한민국 창업 리그

우수 창업 아이템 및 아이디어를 보유한 유망 (예비) 창업자 발굴을 통한 전 국민 및 해외창업 기업 대상 창업 저변 확대를 제고하는 사업이다. 지원 대상은 국내외 예비 창업자 (팀) 및 창업 후 3년 이내 기업이다. 예선 우수자 (팀), 왕중왕전 수상자 (팀) 상장 및 상금 지급, 참가·본선 진출 팀을 대상으로 아이디어 보호 연계 지원 사업을 한다.

〉〉 주관 부서: 중소벤처기업부 지식서비스창업과(042-481-4523, 3982), 창업진흥원 창업문화재도전부(042-480-4440, 4441)

● 여성창업 경진대회

(예비)여성 창업자들의 창의적이고 우수한 창업 아이템을 조기에 발굴, 육성하고 여성이 활발하게 참여하는 창업 분위기를 조성하고자 이에 필요한 다양한 부분을 지원한다. 지원 대상은 우수한 비즈니스 모델을 보유한 여성 예비 창업자 및 창업 후 5년 미만 여성 기업이다. 시상 및 포상(1인 최대 상금 1,000만 원 이내 및 중소벤처기업부장관상), (재)여성기업종합지원센터 창업보육실 입주 우대, 참가자 역량 강화 사전교육 및 선배 여성 기업인과의 네트워킹을 주선한다. 모집 기간은 3~6월이다.

〉〉 주관 부서: 중소벤처기업부 정책총괄과(042-481-4376), (재)여성기업종합지원센터 창업보육팀(02-369-0943)

● 장애인 창업 아이템 경진대회

우수한 창업 아이템 및 유망 아이디어를 보유한 (예비) 창업자를 발굴·시상하여 장애인의 창업을 촉진한다. 지원 대상은 장애인 예비 창업자 및 창업 3년 미만의 장애인 임직원을 둔 기업이다. 11개 아이템을 발굴, 시상하며, 대상에게는 1,000만 원을 수여한다. 모집 기간은 3~4월이다.

〉〉 주관 부서: 중소벤처기업부 소상공인정책과(042-481-4566), (재)장애인기업종합지원센터 창업지원팀(02-2181-6534)

변종의 늑대

2019년 12월 26일 초판 1쇄 | 2024년 11월 6일 9쇄 발행

지은이 김영록
펴낸이 이원주

책임편집 조아라 **디자인** design霖 김희림
기획개발실 강소라, 김유경, 강동욱, 박인애, 류지혜, 이채은, 최연서, 고정용
마케팅실 양근모, 권금숙, 양봉호, 이도경 **온라인홍보팀** 신하은, 현나래, 최혜빈
디자인실 진미나, 윤민지, 정은예 **디지털콘텐츠팀** 최은정 **해외기획팀** 우정민, 배혜림, 정혜인
경영지원실 홍성택, 강신우, 김현우, 이윤재 **제작팀** 이진영
펴낸곳 (주)쌤앤파커스 **출판신고** 2006년 9월 25일 제406-2006-000210호
주소 서울시 마포구 월드컵북로 396 누리꿈스퀘어 비즈니스타워 18층
전화 02-6712-9800 **팩스** 02-6712-9810 **이메일** info@smpk.kr

ISBN 978-89-6570-990-9 (03320)